社会工作作为专业力量参与脱贫攻坚，
将专业队伍、专业方法、专业力量运用到脱贫攻坚的工作中，
发挥了不可替代的专业优势和人才优势，
提升了反贫困工作的专业性。

国家出版基金项目
NATIONAL PUBLICATION FOUNDATION

大国攻坚·反贫困社会工作丛书

丛书主编　向德平

社区抗逆力视角下的反贫困社会工作研究

芦　恒　等著

华东理工大学出版社
EAST CHINA UNIVERSITY OF SCIENCE AND TECHNOLOGY PRESS
·上海·

图书在版编目(CIP)数据

社区抗逆力视角下的反贫困社会工作研究 / 芦恒等著. — 上海：华东理工大学出版社，2023.11(2024.12 重印)
(大国攻坚·反贫困社会工作丛书 / 向德平主编)
ISBN 978-7-5628-6732-6

Ⅰ.①社… Ⅱ.①芦… Ⅲ.①扶贫—社会工作—研究—中国 Ⅳ.①F126

中国国家版本馆 CIP 数据核字(2024)第 005089 号

内容提要

本书从社区抗逆力的角度详细阐述和分析了反贫困社会工作的理论和实践意义，介绍了国内外的实务模式。第一，主要介绍社区抗逆力培育与反贫困社会工作之间的内在关系；第二，在社区抗逆力框架下介绍国内反贫困社会工作应对农村空心化风险时体现的特点和表现模式；第三，介绍反贫困社会工作者在叙事疗法的框架下，针对城市低收入老旧社区管理者采取的介入过程和相关思考；第四，综述反贫困社会工作在应对自然灾害过程中培育贫困社区抗逆力的机制和模式；第五，在农村过疏化背景下关注日本和韩国等邻国农村和城中村的反贫困社会工作的特点和模式。全书将综述性内容与个案内容相结合进行论述，各篇内容相对独立，又统一在反贫困社会工作的整体框架之内。本书是尝试系统阐述社区抗逆力视角下反贫困社会工作理论与实践的专业著作，适合扶贫工作者、社会工作者、社区工作者、人文地理学者等相关领域感兴趣的读者参考学习。

策划编辑 / 刘　军
责任编辑 / 刘　军
责任校对 / 章斯纯
装帧设计 / 王　翔
出版发行 / 华东理工大学出版社有限公司
地址：上海市梅陇路 130 号，200237
电话：021-64250306
网址：www.ecustpress.cn
邮箱：zongbianban@ecustpress.cn
印　　刷 / 上海中华商务联合印刷有限公司
开　　本 / 710 mm×1000 mm　1/16
印　　张 / 14.5
字　　数 / 169 千字
版　　次 / 2023 年 11 月第 1 版
印　　次 / 2024 年 12 月第 2 次
定　　价 / 88.00 元

编委会名单

丛 书 总 序

我国以脱贫攻坚为标志的国家级重大反贫困行动，于2020年年底取得了预期成果，绝对贫困总体上被消除。脱贫攻坚可以说是中国乃至世界反贫困史上的一件大事，值得书写一笔。社会工作作为一种专业力量参与其中，并发挥了重要作用，其实践和经验值得总结。由向德平教授主编的“大国攻坚·反贫困社会工作丛书”在这方面做了开创性的工作，值得我们称赞。

一、社会工作参与反贫困是一项重大的专业实践

（一）反贫困是社会工作的一项核心任务

社会工作自产生之日起，就与反贫困结下了不解之缘。不是社会工作“贪恋”反贫困，而是贫困给贫困群体带来了巨大的痛苦。社会工作作为一种以帮助困难群体缓解困难、追求社会公正与社会进步为己任的专业，理应把反贫困的责任放在自己的肩上。在世界社会工作反贫困历史上，发达国家的社会工作参与反贫困基本上是通过实施社会救助和社会慈善的方式进行的，并形成了社会工作的著名模式。第二次世界大战以后，发展中国家的反贫困主要面向农村展开，经济开发、社区发展成为其主要模式，20世纪50年代联合国倡导的社区发展原则正是社会工作参与反贫困所应遵循的。20世纪80年代以后出现的发展型社会工作，一方面与发展中国家的政府、社会工作者、发展工作者的实践有关，另一方面也受产生于发达国家的社会投资

等理论的影响。这些实践取得了一定的成绩，也为后来发展中国家的反贫困提供了借鉴和参照。

我国作为经济社会政策和发展项目的反贫困工作是从20世纪80年代中期开始的，最初是经济开发，接着是扶贫攻坚，主要是发展经济，由政府部门、国有大中型企业和贫困农户承担主要责任。2015年，我国开始实施脱贫攻坚工程，中央明确要求形成由专项扶贫、行业扶贫和社会扶贫互为补充的大扶贫格局，做到扶贫开发与经济社会发展相互促进，不但注重产业脱贫，而且加强教育等多层面脱贫；要求坚持群众主体，激发内生动力，注重扶贫扶智，增强贫困人口自我发展的能力，同时实施扶贫志愿者行动计划和社会工作专业人才服务贫困地区计划。这样，社会工作力量作为脱贫攻坚的有机组成部分，有了“特殊”的实践机会，也能够更有针对性地参与反贫困行动。2017年，《民政部 财政部 国务院扶贫办关于支持社会工作专业力量参与脱贫攻坚的指导意见》（以下简称《意见》）要求中国社会工作教育协会发挥推动作用，进行教育扶贫。同时，我国开始实施社会工作服务机构“牵手计划”，从发达地区选择专业性强的社会工作服务机构，与贫困地区社会工作服务机构等进行结对。社会工作教育界积极响应政府部门的号召，组织、动员和支持各社会工作院系参与这一具有历史意义的反贫困行动。各类群体参与脱贫攻坚成为中国社会工作重建以来，规模最大、时间较长、有组织、有目标要求的集体性行动。

（二）社会工作参与脱贫攻坚取得了积极成果

按照民政部等部门的《意见》，中国社会工作教育协会参与脱贫攻坚是教育扶贫，其主要任务如下：高校社会工作专业院系要与贫困地区合作建立社会工作专业培训、教师实践和学生实习实训基地，帮助贫困地区培养社会工作专业人才；高校社会工作专业教师到贫困地区开展专业督导，引导社会工作专业在校生到贫困地区进行社会实践；支持鼓励社会工作专业毕业生到贫困地区就业。在中国社会工作教育协会的组织动员下，各社会工作院系秉持专业精神、发挥主观能动性，组织师生、链接资源、深入贫困地区，开展了多项服务，较好地完成了《意见》提出的任务，并尽己所能地为贫困地区的居民做贡献，在脱贫攻坚中取得了不少开创性成果。社会工作教育界支持了贫困地区的脱贫工作，促进了贫困地区社会工作人才和专业力量的发展，也获得了参与反贫困的直接经验，使我们感受到了当地干部群众和派驻的扶贫干部在反贫困中表现出来的坚韧不拔的精神。同时，参与脱贫攻坚也成为各社会工作院系坚持理论联系实际、开展实践教学、在实践中培养学生、在比较中进行研究的重要场域，因而参与者的收获是丰硕的。

对于参与脱贫攻坚，中国社会工作教育协会领导班子给予了高度重视，设计行动计划、动员组织力量，推动了整个工作向前发展。中国社会工作教育协会还建立了反贫困社会工作专业委员会，在贯彻落实协会的总体部署、推动整个活动发展方面发挥了积极作用。作为反贫困社会工作专业委员会的负责人，向德平教授和他主持的反贫困研究机构积极配合、主动工作，有力地推动了中国社会工作教育协会工作的开展。

二、社会工作界参与反贫困是理论与实践比较、互动和提升的过程

（一）社会工作教育界参与反贫困是理论与服务实践的互动过程

社会工作教育界参与反贫困的特点是，一批批具有深厚社会工作理论

与知识积累的高校教师和研究生、高年级本科生开展实践活动，这同时也是他们走出课堂和校门开展社会工作服务的过程。在一定意义上，它是理论指导实践的过程，也是实践检验书本知识和理论的过程。反贫困工作是在自然环境复杂、文化传统多样的贫困地区展开的，社会文化因素深深地影响着反贫困行动的开展。在上述经济、政治、社会、文化背景下开展的反贫困，必然比书本上介绍的复杂得多。社会工作界参与反贫困，必然会遇到上述复杂因素的影响，会遇到许多亟待解决的“中国式”问题。这是一个不断比较、选择、实践和反思的过程。对社会工作教育界来说，这是一系列挑战，也是在克服困难中不断成长的过程。

（二）书写经验是反贫困理论和实践成果的延伸

社会工作者的基本品格是奉献和共享发展成果，同时社会工作教育界又有改进教育、传播知识、贡献社会的责任。从这个角度来说，将参与反贫困的经验和思考写出来，是十分有意义的事情。向德平教授主编的这套书正是此种努力的体现。该丛书组织了国内社会工作界20多位专家学者，基于社会工作实践，总结反贫困的相关模式和经验，生产社会工作知识，价值显而易见。

该丛书以实践为基础，兼顾了反贫困知识和实践的完整性。它是多视角、全方位和具有整体性的。其主要视角包括社区为本视角、抗逆力视角、内生动力视角、资产建设视角、金融服务视角、可行能力建设视角、赋权视角、贫困治理视角、心理弹性和生涯辅导视角等。它关注的服务对象主要包括儿童、老年、妇女、残疾人及西部农村中的弱势群体。该丛书既介绍既有的社会工作理论，也介绍中国特色的社会工作实践。基于本土实践，它介绍了社会工作参与反贫困模式的多样化和经验的多元化，反映了中国反贫困的经验及社会工作参与反贫困的机制，阐明了专业社会工作是如何发挥专业优势、实现服务效能的。

该丛书也是系列教材，体现了从理论到实践、从实践到知识的转化过程。这里包含了对反贫困知识和理论的选择，包括在实践中对社会工作知识的运用和反思，也包括基于实践的知识建构，还包括不同类型和不同层次的建议。该丛书内容丰富，有借鉴、有创新，可指导实践，也为反贫困研究提供了参考框架，是反贫困领域的学术力作，是社会工作本土化的重要成果。

三、在乡村振兴中更好地运用和发展社会工作参与反贫困的经验

到2020年年底，我国在总体上消灭了绝对贫困，但是相对贫困还会长期存在。中国共产党第十九届中央委员会第五次全体会议提出“实现巩固拓展脱贫攻坚成果同乡村振兴有效衔接”，我国巩固脱贫成果和反贫困的任务依然是十分繁重的。在走向乡村振兴、实现共同富裕的进程中，已经取得的反贫困经验在一定程度上依然有效，这与相对贫困现象在地域、群体、经济状况、社会生态和文化上的连续性密切相关。当然，相对贫困也有自身的特点，贫困群体有了以往反贫困的经验，有了相对好的经济基础和社会生活条件，他们摆脱贫困的内在动力和能力也有所增强。但是我们也要看到，在新的国际国内形势下，面对不断加剧的市场化竞争，相对贫困群体的生存压力不会减少，反贫困的发展性要求会更加突出。我国已经进入社会主义现代化建设的新阶段，要贯彻新的发展理念，构建以国内大循环为主体、国内国

际双循环相互促进的新发展格局，其中乡村全面振兴、遏制返贫现象发生、实现共同富裕任务艰巨。在这种背景下，社会工作者在参与脱贫攻坚中获得的经验仍然有重要的参考价值。我们也期待社会工作者群体在参与乡村振兴和解决相对贫困问题方面取得新的成果。

把论文写在祖国大地上，中国社会工作教育界以自己的实际行动在认真践行。

王思斌
北京大学社会学系

主 编 序

打赢脱贫攻坚战，是实现中华民族伟大复兴的底线要求，是贫困地区与全国一起全面建成小康社会的关键之举，是实现国家长治久安的重要保障。

我国扶贫开发进入精准扶贫、精准脱贫的新阶段。精准扶贫战略贵在精准，精准与专业具有同构性，只有调动专业的力量参与精准扶贫，才能进一步提升精准识别、精准帮扶、精准管理的精准度，才能更专业地解决贫困人口在脱贫过程中的个性问题与发展问题。社会工作参与脱贫攻坚具有重要的意义，在反贫困工作中扮演着重要的角色。

社会工作作为专业力量参与脱贫攻坚，将专业队伍、专业方法、专业力量运用到脱贫攻坚的工作中，发挥了不可替代的专业优势和人才优势，提升了反贫困工作的专业性。事实上，社会工作起源于贫民救济或慈善事业，其发展的历史就是人们与贫困做斗争的历史。社会工作的专业方法、理念正是人们在与贫困及相关社会问题做斗争的实践中逐步形成和发展起来的，因此，社会工作参与脱贫攻坚具有深厚的历史基础和重大的现实意义。社会工作参与脱贫攻坚是社会扶贫的重要组成部分。作为精准扶贫的专业力量，社会工作通过需求评估，精准识别贫困人口及其致贫原因；通过资源整合，动员与协调各方扶贫力量和扶贫资源；通过提升扶贫对象的能力，激发和提升扶贫对象的内生动力和可行能力。社会工作参与脱贫攻坚，有助于提高反贫困工作的精准性和可持续性，实现由"输血型"扶贫向"造血型"扶贫、救助型扶贫向发展型扶贫的转变。

党中央、国务院十分重视社会工作专业人才服务贫困地区的工作,《中共中央 国务院关于打赢脱贫攻坚战的决定》(中发〔2015〕34 号)、《中华人民共和国国民经济和社会发展第十三个五年规划纲要》和《国务院关于印发"十三五"脱贫攻坚规划的通知》(国发〔2016〕64 号)对实施社会工作专业人才服务贫困地区计划、支持专业社会工作和志愿服务力量参与脱贫攻坚提出了明确的要求。为贯彻落实党中央、国务院的决策部署,支持社会工作专业力量参与脱贫攻坚工作,《民政部 财政部 国务院扶贫办关于支持社会工作专业力量参与脱贫攻坚的指导意见》发布,民政部办公厅、国务院扶贫办综合司出台了《社会工作教育对口扶贫计划实施方案》。

为落实《民政部 财政部 国务院扶贫办关于支持社会工作专业力量参与脱贫攻坚的指导意见》的精神,贯彻实施民政部、国务院扶贫办联合制定的《社会工作教育对口扶贫计划实施方案》,深入推进教育扶贫工作,全国社会工作专业学位研究生教育指导委员会和中国社会工作教育协会积极实施"社会工作教育对口扶贫计划",组织全国 200 多所高校参与社会工作教育对口扶贫工作。在反贫困社会工作实践中,社会工作教育和实践工作者积极探索,积累了较丰富的实务经验,总结了一批典型案例,产出了一系列理论成果。本丛书是中国社会工作参与反贫困成果的系统呈现。

2019 年 3 月 16 日,中国社会工作教育协会反贫困社会工作专业委员会与华东理工大学出版社在武汉举行"大国攻坚·反贫困社会工作丛书"启动仪式。来自十几所高校的 20 余名作者代表参加了会议。会议研讨、确定了本套丛书的写作框架和主要内容。

本丛书是在全国社会工作专业学位研究生教育指导委员会、中国社会工作教育协会的指导下，由中国社会工作教育协会反贫困社会工作专业委员会具体组织完成的。王思斌教授、阮曾媛琪教授、谢立中教授、蔡禾教授、关信平教授、马凤芝教授、彭华民教授全力支持反贫困社会工作专业委员会的工作，指导本丛书的编写。

中国社会工作教育协会前任会长徐永祥教授高度重视本丛书的编写工作，为丛书的编写和出版提供了巨大的支持。本丛书寄托了全体社会工作同仁对徐永祥教授的深沉怀念！

感谢所有关心、支持本丛书的专家和同仁！

向德平
华中科技大学社会学系

目　　录

CONTENTS

第一章　社区抗逆力与反贫困社会工作创新

“抗逆力”意为“抵抗逆境的能力”，是当代风险管理理论中的重要概念。众所周知，风险与人类发展一直是相伴而生的关系。尤其是进入工业时代以来，除了地质灾害等传统风险外，集体贫困、阶层分化等社会性风险剧增。乌尔里希·贝克(Ulrich Beck)认为，在人类社会进入风险社会之后，工作职位非正式化、社会骚乱、社会原子化、城乡分割等方面的社会风险已经成为加深社会贫困问题的重要因素。社会工作自创立起就致力于解决贫困问题，形成了理论和实践体系。社会工作者始终在风险社会的背景下帮助贫困个体与其家庭、社区等社会环境形成良性互动的关系。但是，除了危机干预理论外，社会工作者较少在风险危机的预防与治理的整体框架中开展介入工作，尤其是反贫困社会工作界也较少在风险危机的框架中，对提升个体乃至整个社区的脱贫能力进行深入思考。直到20世纪末期经济危机席卷全球之后，社区抗逆力(community resilience)理论勃兴于人文地理学和演化经济学等学科。研究者们直接将具体的社区或区域作为研究对象，深入分析其能够在经济危机中恢复经济能力和社会活力的内在机制。随着社区为本的社会工作在社区反贫困事业中发挥重要作用,社区抗逆力概念框架也逐渐被引入反贫困社会工作领域。学者们试图将社会工作自身所具有的优势视角与社区抗逆力特有的过程机制分析相结合,形成独具特色的反贫困社会工作模式。本章内容主要关注风险社会背景下社区抗逆力概念的演变过程及其对于推动社区内生性发展、精准治理、反贫困等方面工作的重要意义,以及社区抗逆力框架中反贫困社会工作的主要特点和模式。

第一节 风险社会与社区抗逆力

20世纪后半叶,随着人类社会现代化程度和科技革命的不断深化,尤其是一些后发外生性国家实施快速现代化发展战略之后,环境污染、贫富差距、城乡分化、集体贫困、人口空心化等社会发展困境相伴而生。贝克、卢曼(Luhmann)、吉登斯(Giddens)等西方社会学家运用社会学的想象力,将此困境所处的社会环境高度概括为"风险社会",风险社会逐渐成为人类反思现代性本质的独特视角。总体而言,风险本身具有客观性和建构性的双重属性。风险是指损失、危险和灾难发生的可能性,即遭受危险或损失的概率。风险并不等于危险或灾难,风险具有现实性,如空气污染、森林破坏、地震伤害等,同时,风险又和认知、预期、心理及文化有关。[①] 贝克也强调风险

① 范如国:《"全球风险社会"治理:复杂性范式与中国参与》,《中国社会科学》2017年第2期。

的建构性，指出风险有赖于因果解释，因而最初只存在于相关知识中。借助知识，风险变换样貌，或放大，或缩小，或渲染，或淡化，因而在某种程度上，风险公开接受社会的界定和建构。① 可见，研究者们提出风险社会概念的初衷并不只是给全人类带来恐慌，也并非渲染一种失败主义和虚无主义，而是提出一种积极建构预防风险制度环境的思维方式。也就是说，风险社会概念鼓励人们面对风险时积极“把控”和“管理”风险。既然风险随着现代性的深入无可避免，那么我们可以借风险反思现代性，采用科学的思维方式和政策框架减小风险转化为灾难的概率。

对于近代以来一直处于天灾、瘟疫、战乱等风险危机之中的中国而言，现代化过程也是中国社会应对各类风险危机的过程。进入 21 世纪以来，除了传统的天灾之外，农村空心化、重大公共卫生事件等风险危机呈现出社会性和复杂性的新特点，标志着中国社会进入了新风险社会时代。尤其是社区作为改革开放后中国社会基本的治理单元，其在应对和预防新风险方面成为不可忽视的实践框架。值得注意的是，2008 年汶川地震之后，社区重建成为风险管理的重要内容。“灾害社会学”“灾害社会工作”为社区重建和扶贫开发提供了重要的理论支撑和实践指导。抗逆力是其中重要的概念框架。传统的灾害社会学者主要从功能主义角度分析空间破坏、恐慌、流言等灾害对社会秩序所产生的影响。此类研究具有一定的事后性和被动性，忽视了社会自身主动应对风险的能力。脆弱性是此类功能性分析的重要指标。生态学和人文地理学者常用它分析区域生态系统应对自然灾害的能

① 乌尔里希·贝克：《风险社会：新的现代性之路》，张文杰、何博闻译，译林出版社，2018，第 8—9 页。

力。脆弱性的具体定义是指“暴露于不利影响或遭受损害的可能性，遭受不利影响损害威胁的程度，是承受不利影响的能力”。① 社会科学学者后来将脆弱性概念拓展到贫困社区发展研究领域，日益意识到评估某个贫困地区发展可能性之前要先衡量其脆弱性。例如，李雪萍分析少数民族特困社区时认为，其贫困体现出外部脆弱性与内部脆弱性叠加、累积式脆弱性与冲击式脆弱性叠加、结构性脆弱与胁迫性脆弱叠加等多重特点。她提倡贫困社区的“反脆弱性发展”，强调依靠政府服务社区的方式建构社区主体格局，同时依靠地域力的提升来进行社区能力建设。② 可见，脆弱性成为贫困社区发展研究的重要概念框架。此概念如同射箭的标靶一样，反贫困研究者需要找到脆弱性体现出的风险点，将其作为反贫困的标靶，进而有针对性地开展扶贫实践。换言之，“抗逆力”最开始与“脆弱性”相生相伴。人们只有分析了社区的脆弱性之后，才能有针对性地根据风险点查缺补漏，最后形成抵抗逆境的能力。但是进入 20 世纪 90 年代之后，社区反贫困研究者们开始反思“脆弱性”在本质上还是一种事后主义式的被动应对方式。人们可以在风险危机出现之前绕开“脆弱性”直接从事前预防，以培育社区积极抵御风险的整体能力。抗逆力概念遂走上前台。

近年来，抗逆力概念在灾害社会学范畴中已不再作为“脆弱性”的相伴概念来使用，而被视为一个独立框架来分析个体、组织、社区等主体积极应对、适应和转换风险危机的能力。从词源方面来看，抗逆力译自英文

① 李鹤、张平宇、程叶青：《脆弱性的概念及其评价方法》，《地理科学进展》2008 年第 2 期。

② 李雪萍：《反脆弱性发展：突破发展陷阱的路径——基于西藏城镇社区发展的实证调查与理论分析》，《华中师范大学学报(人文社会科学版)》2013 年第 2 期。

resilience。该词最初出现在工程学中，原意为弹性或弹力，表示某种材料遇到外力时反弹回原状的能力。反弹回的状态越接近原状，表明其弹力越强。后来，"弹性"的词义被研究者应用到心理学中，形成专业术语"心理弹性"。心理弹性被定义为个人遭受挫折后，能够忍受和摆脱挫折的打击，在逆境中保持健康、正常的心理和行为能力。① 生态系统学者霍林(C. S. Holling)在1973年将此概念从个体扩展到生态系统领域，认为"抗逆力决定了一个系统内部各种关系的持续性，是一种测量系统吸收多情形变量产生变化的能力。这种能力能够驱动变量和参数并且保持承受状态"。② 质言之，抗逆力是一种体现出物体受到外力之后能够恢复到以前平衡状态的能力。后来，生态社会系统论学者认为社会系统也具有抗逆力，能够适应和转换外来逆境的压力。尼尔·阿杰(Neil Adger)较早强调社会生态系统具有抗逆力。他认为，除了个人和群体，城乡社区也具有积极应对风险危机的能力，社会资本能促进社区抗逆力的培育和发展。③ 从此，社区抗逆力概念被广泛运用到社区风险管理、灾后社区重建、农村社区扶贫开发等社区发展领域中。其定义为"社区具有的抵挡风险或衰败的能力。此概念与物理因素、服务供给能力、个体的社区认知等人类生活的不同方面有关"。④ 总体而言，社区抗逆力概念的提出与近30年来全球风险社会理论以及公共危机管理研究的勃兴密

① 沈之菲：《抗逆力：一种重要的心理品质》，《思想理论教育》2010年第18期。

② Holling C S, "Resilience and Stability of Ecological Systems," *Annual Review of Ecology and Systematics* 4, no. 4(1973): 1-23.

③ Neil Adger, "Social and Ecological Resilience: Are They related?" *Progress in Human Geography* 24, no. 3(2000): 347-364.

④ Damitry Leykin, Mooli Lahad and Ran Cohen, et al., "The Dynamics of Community Resilience Between Routine and Emergency Situations," *International of Journal of Disaster Risk Reduction* 15, no. 3(2016): 125-131.

切相关，其逐渐成为社区治理和社区发展的重要理论、评估框架。对于同样处于风险社会背景下的中国而言，特别是非典疫情、汶川地震、新冠疫情之后，基层社区的抗逆力培育成为日益重要的理论和实践领域。尤其是此次新冠疫情之后，城乡基层社区作为医院之外的“第二战场”，其应对公共危机的防控能力成为社会抗疫体系的重中之重。城乡基层的社区抗逆力作为一种思维方式和实践框架，显得尤为重要。

第二节　社区抗逆力的风险管理视角与社区精准治理

“社区抗逆力”中的“逆”是指“逆境”，具体是指社区所面临的自然和社会方面的各类风险危机。研究者将“风险危机”作为切入点来思考社区内部的应对模式。其所蕴含的本体论和认识论的前提是，社会并非总是处于稳定的秩序状态之中，也可能会处于自然灾害、战争、骚乱、恐怖袭击等导致社会功能失调的状态。社会的发展是一个常态和危机相互转换的动态过程。社区抗逆力框架将社区共同体置于宏观危机结构之中，思考社区中群体的主观能动性和组织性强度。对于中国而言更是如此。以“非典疫情”“三鹿毒奶粉事件”“汶川地震”“新冠疫情”等为代表的公共社会危机，逐渐成为政府和社会主体不得不面对的重要问题。就中国的社会治理而言，我们需要积极地从风险管理的科学角度促进基层社会治理创新，探索行动主体的主动适应和转换危机的能力。随着“社会精准治理”被提上议事日程，城乡社区成为社会风险危机管理的“前沿阵地”。社区抗逆力框架有利于研究者将监测风险的重点集中于面临较大社会风险的贫困社区，有利于对社区进行类型化和精细化分析，进而对社区公共危机进行评估和预防。关注这些被常态化社区研究所忽略的分析内容，有助于我国城乡社区治理研究和实践朝向精细化和科学化之路发展。

第三节　社区抗逆力的内部性与社区内生发展

随着城市社区更新、精准扶贫、乡村振兴等中国城乡社区治理实践的深入开展，内生性日益成为促进社区治理的关键性因素。正如田毅鹏所反思的那样，近年来基层社会治理似乎形成一种以形式化、展示化为特征的展示性治理。其特征在于社区工作人员、社区居民作为“演员”成为最重要的展示元素。治理过程呈现出指标化和簿册化取向。具体表现在理性的表面化、社区间分化与区隔等方面。其危害在于脱离了真实的治理进程，缺乏真实性、常态性、可持续性，并且不可复制，会给基层社区建设带来较大风险。①与之相反，社区抗逆力框架展现的是一种重视城乡社区内部优势能力建设的全新视角。其特点在于一种内在的“集体能力”和“公共性”，即“社区抗逆力着重强调面对风险时能够做出应对的集体性本质，以及当地群众吸纳资源，并能团结一致进行合作的能力”。② 社区抗逆力假设社区自身具有抵御

① 田毅鹏、张帆：《新时期基层社区“展示性治理”的生成及运作》，《学习与探索》2016 年第 9 期。

② Lynda Cheshire, Javier Esparcia and Mark Shuck Smith, “Community Resilience, Social Capital and Territorial Governance,” *Journal of Depopulation and Rural Development Studies*, no. 8(2015): 7 – 38.

风险的内部资源和居民能力。“假定人们会在风险中作出理性的决定，依据现有的信息和时间，人们会收集汇总必要的资源，寻找减轻灾害的信息。”[①]例如，近几年来，农民逐渐重视重新种植濒临失传的老品种，专门生产纯绿色产品，在城市消费者促进增收的同时，农民也抵御了极端市场化风险。在农民内在的组织性和公益精神方面，典型代表为吉林省扶余市农民志愿者协会自发开展公益活动的案例。该协会由农民自发组织成立，并在广大村庄中发展到67个志愿者分会。其最早可追溯到20世纪80年代后期，当地两位乡贤带领附近村民组成了义务清扫村内道路的“学雷锋服务队”。后来其正式注册为志愿者组织以后，服务范围从清扫街路扩展到改善村屯环境、守望关爱邻里、弘扬传统美德等公共生活方面。再如，本书第三章涉及反贫困社会工作者介入贫困老旧社区提炼社区本土治理经验的内容。对于国有企业衰败形成的老旧社区居委会管理者而言，社区破败、老人无用、低保工作复杂难做等都是其问题视角下的叙事内容。

然而，研究者从社区抗逆力的角度挖掘出基层社区管理人员最终解决“问题”的“土方法”。社区抗逆力视角能促使社会工作者重新审视社区老人的历史合理性，重新挖掘他们在单位工作时期作为产业工人对于推动社会发展、形成社区家园感和家国情怀所发挥的重要作用。另外，本书第五章提及的日本高知县社区重建案例中，当地社会工作机构积极提升养老服务能力，以高质量的社会福利服务夯实老龄化社区的社会基础，提升了社区抗逆力。第六章提及的韩国釜山贫困城中村重建案例中，以前的战争难民营的

① Dmitry Leykin, Mooli Lahad and Ran Cohen, et al., “The Dynamics of Community Resilience Between Routine and Emergency Situations,” *International Journal of Disaster Risk Reduction* 15 (2016): 125 - 131.

悲惨历史，以及破败的城中村现状，并未被当地视为历史的伤疤和缺陷。当地居民保留下来的土窑盐制作技术，在苦难中磨炼形成的自强不息、踏实生活、互助互济等社区文化，以及居民自发形成的协同组合、居民协议会等组织基础，都成为社区重建的内在优势资源，釜山贫困城中村最终成为世界知名旅游景点。

总之，对处于贫困和社会转型风险中的城乡社区而言，无论是政界还是学界，往往青睐于从外部找资源给社区“输血”。但这种传统做法忽略了“造血”的重要性，较少认为社区自身也会有一种“野火烧不尽，春风吹又生”的生存智慧和抗压能力。鉴于此，“社区抗逆力”概念往往能帮助人们从积极正向的角度，深入分析风险压力下社区自身积极动员集体性资源的动态适应机制。这也恰好与近年来社区治理、扶贫开发、乡村振兴等领域日益重视内生性发展思维存在异曲同工之处。

第四节　社区抗逆力与反贫困社会工作

近十年来，随着我国脱贫攻坚事业的深入推进，反贫困过程中的“专业性”备受重视。贫困自身的复杂性不仅体现在农民增收的经济性，还体现在乡村社会环境的可持续发展，具体包括农民增能、农民组织化、农村基层党建、农民公共精神、乡村振兴政策、农村社区营造、农村公共性重建、自然友好型价值观回归等微观、中观、宏观多层次内容。如此庞杂综合的反贫困事业，自然不能只是从外部盲目加大资金投入的“草率”之举。反贫困事业需要诸多专业性极强的学科的理论智慧和科学方法共同发挥作用。社会工作因其具有系统性、正向性、倡导性等特点，能够在其中发挥重要作用。

一方面，从历史上看，社会工作从形成伊始就是以社区为基本单位，对贫困人口进行救助的实践行动。社会工作的专业性也是在针对失业者、孤寡老人、贫困儿童等贫困群体开展服务的过程中得以提升和发展的。质言之，社区反贫困工作并非只是贫困社区拆迁等空间改造问题，而是以贫困居民为圆心，拓展到家庭、组织以及社区整体范围，形成“人在情境中”的重要范式。正如社会工作先驱玛丽·艾伦·里士满(Mary Ellen Richmond)强调的“情境性”大于“空间性”一样，她认为按照教区给友善探访员划分的区域只是一个空洞的空间系统，不具备以人为中心的“情境性”。“与友善探访的‘情境系统’相比，整个区域被称为‘空间系统’。对于‘空间系统’而言，最主要的问题在于它不够个人化。一个能成为整个街道所有人朋友的人，是不会被任何一个特定家庭的成员认为是属于他们的，并存在危险……区域探访员是友善探访员的先驱。为年老的佃农熬制肉汤，在病床边为病人读书，为小孩缝制暖和的衣服，就这样，我们的先驱轻轻地掠过社会环境的表面。我们不能轻言放弃那些向我们传递人道主义和温暖的人，如果说我们现在肩负更重的责任、更严重的问题和更远大的抱负，我们也有许多一百年前所没有的优势。”①我们从里士满的叙述中可以了解反贫困社会工作重点的一个转向，即从在社区内从事志愿服务的“空间性服务”，转换到以社区居民个体需求为中心，再扩散到从其社会环境入手开展人性化和科学化的社会服务。当然，里士满也强调了社区是反贫困社会工作的基本空间单位，以及专

① 玛丽·埃伦·里士满：《贫民中的友善探访——慈善工作者手册》，康姣译，华东理工大学出版社，2018，第173页。

业人士在社区内部从事具有人道主义的志愿服务的必要性和重要性。但是，她再次强调了社会工作的平等性和科学性。社会工作不是慈善关系的施舍行为，而是专业人士在尊重社区居民基础之上的专业服务。因此，我们不能因为是在社区内开展服务，就用“空间性”覆盖社区居民的主体性需求，及其家庭、群体、社区之间的互动关系。可见，从历史上来看，社会工作的反贫困事业从初创起就立足于贫困社区。但反贫困社会工作实践并非只是从外部进行公益活动，而是以人为本，从改善社区居民所在的家庭、群体、社区等社会情境入手，强化社区居民的邻里互动、社会参与、社会联结等内容。换言之，反贫困社会工作一开始就具有浓厚的内生性发展的内涵。

另一方面，从社会发展的层面来看，反贫困社会工作范式从初期的救济性实践转换为发展性实践。20 世纪 90 年代以降，随着发展中国家的反贫困事业的进一步深化，反贫困社会工作不再是外援性的社会救助行为，而是一个培养社区内生动力的发展过程，旨在形成一种应对、适应、转换自然和社会风险危机的“内生”能力。以我国为例，向德平等学者较早强调社会工作能在促进扶贫工作的科学化方面发挥重要作用。他们指出，20 世纪 80 年代以来，中国扶贫政策和措施存在一些缺陷和不足，即现行扶贫政策目标不清、扶贫政策缺乏系统设计、扶贫政策之间的衔接性较差。社会工作介入扶贫的途径在于，树立以人为本的工作理念，搭建社会工作介入平台，重视贫困者的能力建设，促进贫困者的社会参与，运用专业理念和方法提供服务。①可见，反贫困社会工作的学科定位和功能基本形成，逐渐在城乡扶贫过程中

① 向德平、姚霞：《社会工作介入我国反贫困实践的空间与途径》，《教学与研究》2009 年第 6 期。

发挥了特殊作用。其中以广东绿耕社会工作发展中心在农村社会工作方面形成的“绿耕模式”最为典型。绿耕模式开创了国内农村社会工作驻村工作的先河,形成了社区为本的整合社会工作模式。

从社区抗逆力的角度来看,以绿耕模式为代表的反贫困社会工作的最终目的是挖掘乡村社区内生动力,从生计发展、邻里互助、公共参与、文化多元、环境友好等整体层面,培育社区抵御风险的能力,最后再转换为公共性,形成结构化的社区抗逆力。

首先,反贫困社会工作更加突出风险的层次性和复杂性。反贫困社会工作模式促使我们不仅从贫困人口生计发展出发,还要从社区组织化、精英人才培养、文化建设、公共性重建等方面积极应对多元复杂的风险危机。

其次,反贫困社会工作的切入点在于抗逆力培育所需的组织内固性,从社区内部提升风险适应能力。近年来,国内反贫困社会工作的研究者和实践者聚焦于提升农民应对贫困风险的适应能力。社会工作者以驻村的方式,挖掘当地社区在生产技术和农民组织方面的优势,将农村留守妇女、独居老人、失偶女性等弱势群体组织起来,形成从事生态种植、食品加工、乡村旅游等方面的互助小组,通过激活农村弱势群体的组织能力来改善生计。典型案例为第二章提及的“七仙娘乡村旅社管理小组”。绿耕社会工作发展中心在广东从化发现了当地留守妇女勤劳肯干的优势,将包括失偶女性在内的七位留守妇女组织起来,成立“七仙娘乡村旅社管理小组”,让她们自主管理乡村旅社,开展农耕文化体验活动。同时,社会工作者链接广州的城市社区消费者资源,以农业订单的方式,增强留守妇女的生计和适应能力。此外,社会工作者还通过组织化和城乡交流的方式,实现经济作物的多元化耕种,增强农村抵御市场风险的储备性，从“内固性”和“储备性”两个方面培育社区抗逆力。

再次，反贫困社会工作者培育社区抗逆力的关键在于将风险适应能力转换为结构性的社区公共性。风险转换是社区抗逆力在形成风险适应能力之后的高级阶段，即一个社区在成功应对和适应风险危机之后，还要将风险危机转换为常态化的公共性机制。一方面，社会工作者从“生计发展”入手，将社区居民的风险适应能力逐渐转换为公共参与能力。公共参与性是公共性的重要内容，强调居民积极参与到社区公共事务的策划、实施、监督等过程中。例如，第二章提及的“七仙娘乡村旅社管理小组”在社会工作者的策划和引导下，利用旅社利润开展社区公益活动。该小组将住宿费的30%用于公共开支，其中10%作为社区公益金，支持改造社区公共厕所、关怀孤寡老人等社区照顾服务，其余用于旅社的公共开支。此外，该管理小组还将利润用于组织农民共同修缮祠堂，并参与其中的监督过程。另一方面，公共治理结构是公共参与之后形成的新阶段。反贫困社会工作的目的，不仅是将风险转换为常态化的公共参与能力，而且是要形成一种公平公正的公共治理结构。此类结构体现的是公正性和公开性，意指资源分配的过程体现出分配原则的平等性和资源信息的透明性。例如在绿耕模式中，社会工作者在培养农村留守妇女的公共参与能力之后，往往会从生产领域扩大到乡村治理和文化建设方面，具体的参与内容包括对公共空间修缮、公共救助、公共活动等公共事务进行决策、实施和监督。例如，第二章提到了社会工作团队调解矿山村矛盾的案例。社会工作者在参与调解村民与驻村矿山企业矛盾的过程中，最后将社会纠纷矛盾转换为常态化的合作协议机制。社会工作团队与村民、村委会、企业签署合作协议，建立社会工作委员会，设立社会工作办公室。以在当地挂职副县长的大学教授组成的社会工作团队为主导，由各方安排专职人员常驻社会工作办公室。社会工作者在该模式中不仅积极链接资源，帮助农民建立旅游合作社，提高农民收入，还接待来访群众，了解群众诉求，联合司法和信访等部门组成调查小组，逐户进行走访，撰写报告提交联席会议商议。该社区最后获得"全国和谐矿区典型"荣誉称号，形成了独特的公共治理结构。

最后，反贫困社会工作促使"政治性"的公共性转变为"自然性"的公共性，形成高层次的社区抗逆力。社会工作者在面对社会纠纷矛盾的风险时，除了建构贫困社区各类主体参与的政治治理结构之外，还积极倡导生态主义的公共性。换言之，除了经济性的生计发展和政治性的治理公共性之外，实际上还存在生态社区建设的高级阶段。从社区抗逆力角度来看，社区抵御风险的最终目的并非只是通过空间改造方式来升级公共设施，而是要促进社区与周边自然环境保持共生共存的关系。正如第六章提及的韩国釜山贫困城中村保留原貌升级为文化村一样，"低矮和崎岖"的小巷空间同样可以形成与自然共生之"美"。当地居民在艺术家和社会工作者的指导下，将老旧的房屋外墙重新粉刷成艺术之墙。看似老掉牙的土窑盐制作工艺被当地居民保存下来，并以现代标准体系提升品质之后，在与新时代和新标准保持共生共存关系中得以重生。总之，反贫困社会工作的最高境界是在危机中将二元对立的固有观念进行解构，将一切表面上与现代性格格不入的物质和文化因素进行转换。无论是生计发展，还是自治管理，反贫困社会工作都将本土性知识与自然界巧妙地进行融合共生，最终形成一种开放包容的高层次的公共性，促使当地社区在复杂多变的社会转型中得以持续发展。

第二章　农村空心化背景下社区抗逆力构建与反贫困社会工作

进入21世纪以来，随着我国快速城镇化的深入发展，农村人口空心化程度日益严重。与此同时，国内还出现了“唱衰乡村”的地域衰退文化氛围。此类唱衰叙事突出表现为，近十年在微信、微博等新媒体出现的“博士春节返乡日记”。一些家在农村的博士生春节回乡后，看到与城市文明形成强烈反差的农村后万分伤感和迷茫，于是撰写一些忧思农村衰退现状的日记。日记内容从人口外迁、留守老人、农村赌博盛行等外在现象，到婚姻脆弱、信任危机、公共文化消解等内部衰败，方方面面都体现出乡村没落的劣态。在此背景下，本章试图从“社区抗逆力”的角度系统梳理反贫困社会工作的研究者和实践者在应对地区衰退风险时所发挥的作用和采取的模式。

第一节 从公共性到抗逆力：应对农村空心化风险的新视角

总体而言，众多学者实际上是在日益严重的农村地域衰退的大众话语体系中，对空心化命题进行学理性分析。有的学者认为，中国的农村空心化本质上是在“城乡转型发展进程中，由于农村人口非农化引起的‘人走屋空’，以及宅基地普遍‘建新不拆旧’，新建住宅逐渐向外围扩展，导致村庄用地规模扩大，闲置废弃加剧的一种‘外扩内空’的不良演化过程。既包括农村土地空心化、人口空心化，也包括农村产业空心化和基础设施空心化，本质上是农村地域经济社会功能的整体退化”。[①] 总之，此类从经济到社会全面崩坏的地域衰退命题逐渐成为学术界的主流话语。然而，这种看似后现代反思性风格的“衰退话语”值得商榷。值得注意的是，近年来，国内一些政治学者和社会学者开始反思这种以“唯经济论”或“唯人口论”为代表的单向式问题视角。他们认为，单一的经济衰退或人口下降因素引发全方位衰退的思维，过于充满适者生存、不适者淘汰的社会达尔文主义色彩，因而他们试图积极引入“公共性重建”的建设性理论框架，来探讨乡村社会重建之道。

公共性是近年来日益被公共管理、政治学、法学、社会学、人文地理学、城市规划等多学科所关注的概念框架。与其相关的延伸概念也丰富多样，

① 刘彦随、刘玉：《中国农村空心化问题研究的进展与展望》，《地理研究》2010 年第 1 期。

如公共领域、公共政策、公共服务、公共利益、公共空间、公共管理、公共产品、公共行政、公共权力、公民参与、公共精神、公共伦理等。如此形式多样的概念在不同学科内的界定和内涵也各不相同。但总体而言，在西方社会科学范围内，“公共性”大体存在两条理论脉络。一是社会系统论视角的公共性理论，常见于社会学和人类学。此类研究将特定的社区或地域空间视作不同组成部分相互联系的社会生态系统，聚焦于不同主体（居民、社区组织、政府、企业）之间，为了维护公共利益进行互动的过程。社会系统理论将系统内部通过公共服务保障公众利益的公益性与主体之间共同参与体现的公民性两者之间达成的一种平衡状态称之为公共性。具体机制是公私领域的参与和协作。① 二是政治自由主义视角下的公共性，常见于政治学和行政学。该视角将政府通过公共政策充分保障个体自由权利属性的良性状态称为公共性。此类公共性更多体现的是公正性和公开性。政治自由主义将个体或者私人领域在政治文化方面的自由选择和权益视为公共性的核心，并且在政府与个体、国家与社会的二分框架中，将公共领域与私人领域之间的结构性张力视为培育公共性的动力。②

① John Alford, “Co-Production, Interdependence and Publicness: Extending public service-dominant logic,” *Public Management Review* 5(2016): 631 - 691; Partick J. Bateman, Jacqueline C. Pike and Butler B S, et al., “To Disclose Or Not: Publicness in Social Networking Sites,” *Information Technology & People* 24, no. 1(2011): 78 - 100; Asmarawati Handoyo, Agus Heruanto Hadna and Ratminto Ratminto, “New Publicness and Its Implication on Social Conflicts: The Relation Between Local Community and the Gated Community in Sleman,” *Bisnis & Birokrasi* 1(2016): 45 - 54.

② Stephanie Moulton and Adam Eckerd, “Preserving the Publicness of Nonprofit Sector: Resources, Roles and Public Values,” *Nonprofit and Voluntary Sector Quaterly* 41, no. 4(2011): 656 - 685; Derick W. Binrkerhoff and Jennifer M. Binkerhoff, “Public-Private partnership: Perspective on purpose, publicness, and good governance,” *Public Administration and Development* 31, no. 1(2011): 2 - 14.

对于近十年来出现的中国农村衰退现象而言，社会系统论视角的公共性框架较为适切。特别是在强调和合文化的中国，大部分学者也倾向在系统内部不同要素间的正反交融中探求和谐之道。为了破解乡村终结之困局，学者们试图在村庄内部系统的良性互动中积极寻求系统公共性。一方面，学者们从有机体功能论的视角出发，重新发现农村自身能够激活公共性的公共空间及其公共文化功能。黄平强调传统宗法制度资源在重建农村公共性方面的历史功能。他主张农村传统公共文化资源的再发现和再构造，对于构建公共性具有重要意义。① 吴理财认为，公共文化服务的实质就是建构公共性，公共文化在公共性式微的农村转型社会中，发挥着越来越重要的社会治理功能。② 贺雪峰强调，在当今农村空心化的半熟人社会，村民互动减少，却对公共空间需求强烈。农村公共生活重建的重点在于政府提供有效提高农民生活质量的公共空间。③ 卢燕、朱华友、陈宁宁等学者强调宗族祠堂作为公共文化空间的重要性。其认为宗族祠堂的功能由传统时期的社会教化和社会治理中心，转变为中华人民共和国成立以后的集体化时期的社会主义乡村教育场所，以及改革开放以来的公共文化空间。祠堂在新时期更能发挥加强村民横向联系以及农民公共精神的重要作用。④ 另一方面，

① 黄平、王晓毅：《公共性的重建——社区建设的实践与思考(上)》，社会科学文献出版社，2011，第 63 页。

② 吴理财：《文化治理视域中的公共文化服务体系建设》，高等教育出版社，2016，第 44 页。

③ 贺雪峰：《农村的半熟人社会化与公共生活的重建——辽宁大古村调查》，《中国乡村研究》2009 年第 1 期。

④ 卢燕：《卢氏宗祠：一个农村社区公共文化空间功能的变迁与重建》，硕士学位论文，华中师范大学，2012；朱华友、陈宁宁：《村落祠堂的功能演变及其对社会主义新农村建设的影响——基于温州市莘塍镇 50 个祠堂的整体研究》，《中国农村观察》2009 年第 2 期。

乡村公共仪式也成为研究公共性的重要文化形式。李海云强调，乡村公共性的研究者应从中国村落的内在公共性诉求出发，观察其在村落乡民文化神圣传统中的呈现方式。他通过观察北方农村“烧大牛”仪式的过程，认为研究者通过深入分析集体气氛营造、意志情感释放、公共仪式参与等机制，才能理解中国乡土公共性的具体存在态势。[①] 也有学者从主体的行动与组织化的角度出发，通过观察乡土组织、乡村公共人、乡村精英等主体的公共参与行为来分析公共性体现出的共同性和合作性。例如，吕方从“中间组织”入手，认为新时期农村社会组织的快速发展为乡土社会“中间组织”的重建提供契机，通过适当的助力和管理，促进农村社会组织与其他基层组织形成“共生合作”的局面，再造乡土团结。[②] 李山将在农村公共领域内积极追求并践行公共性的行动者称为“农村公共人”，强调该群体业已成为乡村治理的重要社会基础。[③] 总之，国内学界逐渐形成一个共识，即农村空心化不仅是人口空心化，而且是一种“公共性空心化”。其实质在于农村公共服务规模的缩减和公共空间中主体互动沟通的式微。因此，在社会系统论的视角下，乡村公共性的重建内容包括公共服务建设、公共空间重构、乡村精英公共精神培育等方面。可见，公共性范式可谓理解当代中国地域衰退问题的重要理论框架。

如前所述，公共性重建日益成为学界思考乡村秩序重建的重要框架。

---

① 李海云：《信仰与艺术：村落仪式中的公共性诉求及其实现——鲁中东永安村“烧大牛”活动考察》，《思想战线》2014 年第 5 期。

② 吕方：《再造乡土团结；农村社会组织发展与“新公共性”》，《南开学报（哲学社会科学版）》2013 年第 3 期。

③ 李山：《农村公共人：乡村治理的社会基础》，《求实》2015 年第 6 期。

无独有偶，在公共性叙事勃兴于社会科学的同时，工程学、演化经济学、区域经济学、人文地理学、灾害地理学等交叉学科的学者运用抗逆力的概念框架，积极思考衰退社区的治理之道。尽管抗逆力的概念不同于公共性的理论前提和框架，但两者殊途同归，都关注衰退贫困社区重建的动力问题。那么，抗逆力框架是否能给我们开启另一个思考乡村振兴的新视角？答案是肯定的。抗逆力框架带来的启示在于，研究者是在“风险”的框架之中思考地域衰退和贫困问题的，而不仅是在一个缺乏困境或冲突矛盾的“温室”环境中进行研究的，因为农村空心化首先处于中国转型风险的大背景之下。抗逆力思维更突出“主体主动抵御风险”的能动性和机制性。

1．抗逆力比公共性更强调积极的功能分析

总体而言，抗逆力研究是一种挖掘系统内部主体应对风险的主动性的积极思维。例如，在农村脱贫攻坚或乡村振兴研究方面，研究者通过抗逆力框架，能自觉识别普通农民、留守儿童、留守妇女、留守老人、村“两委”（村党组织的基层委员会和村民委员会）、农民组织、生产合作社等存在于农村的多样化主体，并主动分析这些主体抵御风险的具体过程和机制。换言之，研究者借助抗逆力思维，能够摘掉问题视角的有色眼镜，将日常生活中的农村各类行动者视为主动适应和改变困境的主体，并将行动者积累而成的社区文化等地方性知识视为构建乡土抗逆力的重要内容。具有代表性的是李雪萍的藏区抗逆力研究。她在研究甘孜州藏族牧民时直接提出了“民间抗逆力”概念，认为积极发现当地牧民的地方性知识是建构民间抗逆力的重要基础。“少数民族同胞在长期的生产生活中形成了诸多宝贵的‘地方性知识’，包括生产技术、社会组织形式、文化传统等。这些地方性知识是我们认识和理解当地居民生计方式的又一途径,也是农牧民支撑生计的重要方式,是他们自身所具有的抗逆力的内在建构。”①藏区重要的地方性知识是牧民的放牧技术。以下是对牧民放牧技术的描述:

若以季节论,春放阴,冬放阳,秋放坡,夏放峦。也就是说,四季的放牧格局特点从地形上讲,夏放高山,天高气爽;冬放平川,防寒又防风。队形上下放一大片,犹如繁星点点,让牲畜尽情吃草撒欢。冬放一条线,节约草场,又防止豹狼袭击……从四季迁牧的时间观测上,我们看到了色达牧民天文历法的初步知识。这些知识是为了定季节以适应牧业生产的需要而产生的。例如,“鸟伴星上西山时,畜群放春草场”,“白云条条似哈达,不过几天就下雨”,“天亮出帐望东方,见有兽形怪云聚,下午必有冰雹来”,“水中无冰块,产仔期到来”。这些谚语在一定程度上反映了草原自然变化的客观规律,对藏族牧民的生产很有作用。所以,虽然无文字记载,但以谚语形式代代相传,充分表现了色达牧民观察季节等的聪明才智。②

可见,如果研究者运用抗逆力框架去分析少数民族深度贫困地区的脱贫攻坚,不仅要关注产生贫困的各类结构性因素,而且还要挖掘类似放牧、迁牧等农牧民长期积累的生产生活方式和组织方式,认识到客观存在的形式都是牧民适应和抵御风险的产物,对于抵御风险发挥着积极作用。同时,研究者进一步分析地方性知识蕴含的抵御风险的要素,最终结合外在的物

① 李雪萍:《公共产品供给促进反脆弱发展:甘孜藏区发展策略研究》,中国社会科学出版社,2017,第 333 页。
② 同上书,第 336—337 页。

质和政策性资源激发本土的抗逆性。

此外，最近西方抗逆力研究日益重视分析非人的物质主体性在抗逆力培育方面发挥的重要作用。例如，"抗逆力行动者网络视角"（actor-network perspective）强调，研究者除了将人视为行动者之外，还将静止的物体视为发挥主体性的行动者，认为抗逆力是由非人因素和个体行动者组成的互动网络培育而成的。笔者在曾经调研的平欧杂交大果榛案例中也有同感。吉林省长春市从2016年推行居民增收的"暖流计划"以来，市林业局一直鼓励退耕还林的郊区农民种植名为平欧杂交大果榛的榛子树。该品种能够在5年内使农民的收入增长达到种植普通玉米收益的5～6倍。按每人年收入1 000元计算，种植300公顷大果榛能使农民增收300万元。同时，如果农民种植300公顷，在栽种、浇水、除草、打药、撤膜、涂白等工序上，每公顷需要8～10人，市林业局粗略统计，这样能够带动2 000～3 000名农民就业。该项目一直受到郊区农民的青睐，他们积极主动参与其中。该项目在提升农民收入的同时，也极大增加了郊区的植被面积，达到了降低雾霾的显著效果。① 由此可见，抗逆力思维也能促使研究者将物质（比如适合本地的老品种、经济作物等）的能动性作为培育本土抗逆力的主要内容，以激活各类主体的优势和潜能。

2. 抗逆力比公共性更加强调动态的过程性

抗逆力的着力点是风险管理的动态机制，公共性偏向常态下的结构分析。抗逆力框架以社会变迁为切入点，落脚于如何通过一些"举动"来"抗变"。最初工程学意义上的抗逆力分析的是有压力必定会弹回的"一压一

① 数据来源：2016年和2017年长春市居民增加收入"暖流计划"总结报告（内部资料）。

弹”式回应。后来社会生态系统论学者认为抗逆力并非简单地“弹回原处”，而是多种因素互动之后才能产生相应的“应变举动”。其中，适应(adaptability)和转换(transformability)是最为核心的两大过程机制。适应指的是“个体学习和整合经验知识的能力，以调节其对于变动的外部驱动和内部过程的适应力”。① 具有代表性的是李雪萍关于藏区农牧民对于自然和市场力量的适应模式研究。她认为，从“长时期—整体性”角度来看，农牧民的生计适应主要是生态适应。农牧民对于牦牛惜杀惜售，对于虫草则过分采集。其行为显现出该群体适应外在市场力量的双重逻辑，但是农牧民的市场适应未能彻底取代生态适应。生态适应和市场适应都是农牧民的自我适应，甚至显示出政府尊重农牧民选择的自适应与他适应的有机结合。② 可见，当一个群体面对风险时，其学习和整合经验知识，并非只是从不适应转变到适应的单线过程，而是多种适应行为在互动过程中形成的平衡状态。此状态充满复杂性、长期性和互动性。此外，转换是另一个抗逆力机制，常与创新、变革等词相联系。其内涵强调“涅槃重生”式的“应变”，被定义为“一种从稳定的状态进行转化的能力，以变化成另一种不同的系统，旨在当生态、经济或者社会结构使现有结构不能维持之时，能够在本质上创造出一个新系统”。③ 卡尔·福克(Carl Folke)等强调积极的转换需要一种抗逆力思维。首先，研究

---

① Carl Folke, Stephen R. Carpenter and Brian Walker, et al., “Resilience Thinking: Integrating Resilience, Adaptability and Transformability,” *Ecology and Society* 15, no. 4(2010): 20.

② 李雪萍：《转型期藏族农牧民生计适应的复杂样态与内在逻辑》,《江汉论坛》2018 年第 9 期。

③ Carl Folke, Stephen R. Carpenter and Brian Walker, et al., “Resilience Thinking: Integrating Resilience, Adaptability and Transformability,” *Ecology and Society* 15, no. 4(2010): 20.

者要评估现有的状况面对变化时具有的相对和潜在的优势，以形成更加有利的稳定结构。其次，转换视角强调社区自身形成一种创造新的发展路径的抗逆力，形成一种新的中心。① 以民间组织助力农民治沙案例为例。吉林省西北部农村面临土质严重沙化风险，当地村庄陷入贫困状态。值得注意的是，村庄基层政权薄弱，只有村民小组组长，没有次级自治组织和其他社区组织。然而，当地农民应对严重土地沙化风险的过程，充分体现了其自身的风险转换能力。这一过程先是外来的民间治沙协会进入该村，当地农村与其经过磨合之后，大部分主动参与到治沙志愿活动中。村民在其中不断学习和理解"我为人人，人人为我"的公共精神，村民朴素的助人伦理情感逐渐转化为一种现代意义的公益志愿意识。这种公益志愿意识促使当地村民主动接纳外来公益组织，并主动应对沙化风险。再者，外来的治沙协会将志愿活动逐渐转换为与农民经济利益捆绑在一起的经济行为。协会动员全体村民以户为单位在示范区种树。协会提供树苗，农村负责种树。作为协会与村民的共有财产，木材产生的经济效益五五分成。双方签订合同，确立经济合作关系。由于村民积极参与到组织化的治沙行动中，该村庄的公共性开始得以重建，体现在共同体意识、公共道德、组织化基础、社区精英等方面的转变。最大的转变在于形成"共同协治"的村治模式。在治沙效益和经济效益得以提升的基础上，治沙协会和村民小组联合成立社区自治组织理事会，共同拟定初步方案，由全体村民投票确定人选，最终产生社区自治组织。

① Carl Folke, Stephen R. Carpenter and Brian Walker, et al., "Resilience Thinking: Integrating Resilience, Adaptability and Transformability," *Ecology and Society* 15, no. 4(2010): 20.

村民在前期形成的公共参与精神的基础上纷纷加入社区自治组织中来。社区自治组织和村民小组组长在修路、组建合作社等公共事务中相互制衡，大力协作。① 村民在生活和经济上对风险做出适应性应对行为之后，村庄逐渐形成了一种稳定的状态，进而在外来协会引导农村自身业已形成的公共意识作用之下，从一种稳定适应状态转变为更高层次的乡村治理状态。在乡村治理的新系统中，治沙协会、普通村民、村民精英、村民小组等主体在互动过程中逐渐形成相互制衡、沟通、合作的多方协治网络。这一协治网络从根本上改造和升级了村庄内部的社会生态结构。

综上所述，无论是公共性还是抗逆力，都是研究者应对农村空心化风险的知识产物。从理论和实践角度来看，两者并非此消彼长的替代关系，而是研究者用以观察乡村内生动力的两种角度。事实上，在本体论和认识论层面，抗逆力具有一种公共性内涵。换言之，公共性是抗逆力的重要基础。两者都立基于系统论，也存在一种内在的因果关系。即公共性实质上是一个社区共同体的内在结构，不同结构体现出不同的功能。适应功能通过风险管理机制体现为抗逆力的结果。具体而言，首先，社区共同体内部要获得国家提供的充足的公共资源，才能在面对突发事件时通过风险管理机制转变为抗逆力的储备性和资源动员性。其次，社区共同体内部存在本地居民、组织、外来者等主体之间互动参与的结构（公众参与性），才能在面对风险时通过风险管理机制转换为抗逆力的内固性。最后，输入和输出社区的各类信息和资源具备公开透明性，才能在社区面对风险时通过风险管理机制体现

① 崔月琴、李远：《草根 NGO 如何推进农村社区的新公共性建构——基于吉林通榆 T 协会的实践探索》，《社会科学战线》2017 年第 3 期。

为抗逆力的快速反应性。

第二节 “抗逆力”之于反贫困的积极意义

纵观抗逆力概念将近半个世纪的发展历史，其自身可谓一个庞杂的理论与实践体系，具有鲜明的跨学科特点，成为不同学科的重要研究视角，呈现出递进式发展的态势。抗逆力最初只被研究者运用于工程学中，用来测量物体强度和韧性。后来有学者发现在某些父母精神异常家庭中存在一些适应良好、健康成长的儿童[①]，抗逆力概念框架随即被拓展到了心理学、社会工作等行为科学中，“个体抗逆力”概念应运而生。其定义为一种即使身陷明显的压力和困境中也不会发生诸如物质滥用、精神不健康、犯罪等问题的品质。[②]社会生态学者认为，家庭、组织、社区、区域等社会生态系统在面对外在风险时，同样具有吸收和转化风险的能力，故创造出了家庭抗逆力、社区抗逆力、地域经济抗逆力等概念框架。家庭抗逆力是指以家庭为单位的一种应对与适应过程，包括应对风险时家庭的价值观（是否以积极心态应对风险），家庭在组织结构上对风险做出的调整，家庭应对风险时呈现出的沟通方式。[③] 社区抗逆力是指“社区具有的抵挡风险或衰败的适应能力。此概念与人类生活的不同方面有关，如物理因素、服务供给能力、个体的社区认知”。[④] 地域

① 刘玉兰：《西方抗逆力理论：转型、演进、争辩和发展》，《国外社会科学》2011 年第 6 期。
② 同上。
③ Froma Walsh：《家庭抗逆力》，朱眉华译，华东理工大学出版社，2013，第 88 页。
④ Damitry Leykin, Mooli Lahad and Ran Cohen, “The Dynamic of Community Resilience Between Routine and Emergence Situations,” *International Journal of Disaster Risk Reduction* 15, no. 3(2016): 125 - 131.

经济抗逆力是指一种地域经济面对技术变化、市场和竞争压力以及机遇而产生的适应能力。[①] 由此可见，抗逆力的多种类型展现出风险抵御主体的多元性和多层次性。其内涵从个体应对风险的认知与行动，拓展到家庭应对风险的内部结构和适应性功能，再延伸到社会资本和社区价值观等社区内部因素交织作用而成的社区抗逆力。此概念甚至被拓展到应对经济危机体现出的区域经济抗逆力。

总体而言，抗逆力自身得以拓展的原因是基于一种“复杂性适应系统”(complex adaptive systems)的理念。其特点在于“一种复杂的非单线的动力性和适应性能力，在面对外部冲击或内部或自我组织性危险时，能使其重新组织内部结构。其假设并非一种静态的平衡性整体，取而代之的是双重秩序和复杂性，并且是一种不稳定的不可预测的急速发展和破坏性崩溃的动力”。个体、家庭、社区、区域等多层次的抗逆力，都是不同主体在面对外部冲击时进行互动之后体现出的多重动力性。因此，若我们将此复杂适应性系统理念引入反贫困领域中，精准扶贫的多层次动力性便会显现出来。这与近年来全球风险社会治理领域勃兴的复杂性治理范式存在异曲同工之处。复杂性治理范式是“通过运用系统性、动态性、协同性、工程性方法，关注系统的环境条件、问题结构以及多元治理主体之间的复杂性联系与影响；对全球风险社会治理的本质、逻辑及价值等问题开展研究，从不确定中寻找内在的联系，系统设计治理方案，优化治理结构”。[②] 同理，农村脱贫攻坚可

---

① Gillian Bristow and Adrian Healy, “Regional Resilience: An Agency Perspective,” *Regional Studies* 48, no. 5(2014): 923 - 935.

② 范如国：《“全球风险社会”治理：复杂性范式与中国参与》，《中国社会科学》2017年第2期。

被视为村庄面对风险时进行的复杂性治理。农村的风险环境是自然危机和社会危机相互交织的复杂结构，研究者不能忽视多种主体在面对复杂的农村风险环境时自身具有的自我生产和自我恢复的多种抗逆力。

首先，在个体抗逆力方面，越来越多的研究表明农民自身的个体抗逆力不会因为农村原子化趋势而自动消解。例如，有学者对中国东北农村的“屯亲关系”进行研究，发现尽管近年来农村人口持续外流，但村庄内部延续下来的介于农村亲属关系与城市工具性关系之间的“屯亲关系”（将村里每个人当作亲属的准亲属关系）成为一种“灵活”的农村关系类型。这种关系缓冲了农村巨变带来的社会压力，助推农村扶贫，进而提升了乡村的抗逆力。①由此看来，农民主体性是脱贫攻坚以及乡村振兴战略的核心内容。农民个体对于外来风险的积极认知及其灵活适应和转换风险的策略，以及农民关系网络中主体间体现出的“连续性”，对于脱贫攻坚和乡村振兴有着重要作用。

其次，在家庭抗逆力方面，乡村转型过程中农民家庭的结构功能变迁与抗逆力之间的内在联系，也是脱贫攻坚和乡村振兴的重要内容。在农村人口外流、人情淡漠、乡村赌博盛行等风险背景下，农民家庭在组织结构、沟通方式和价值观念方面都会采取积极的调适行为，最终形成相对稳定的抵御风险模式。

最后，在社区抗逆力方面，不同类型的农村社区在社区分权结构、公共参与模式、社区规范等方面存在差异，故而会产生不同的社区抗逆力。甚至

---

① Yan Gao and Shailaja Fennell, “The Role of Tunqin Guanxi in Building Rural Resilience in North China: A Case from Qinggang,” *The China Quaterly* 229, no. 3 (2017): 44 - 63.

在更为广泛的区域抗逆力方面,研究者将农村扶贫置于超出个别村庄之外的整体性区域范围中进行思考。例如,东亚地区的农村作为整体性区域,在抵御全球农业高度产业化市场化浪潮下也会表现出回归东亚小农传统、彰显本土性的共同性,通过激活小农户优势的方式,共同抵御乡村过度产业化风险。

总之,抗逆力视野下的农村扶贫可以在个体抗逆力、家庭抗逆力、社区抗逆力等方面展现出多维度全景。农民个体、农民家庭、村庄社区皆能被置于此框架之中。研究者可以运用系统性、整体性、协同性的视角,分析多重主体在面对风险时表现出来的动态互动的策略,提炼出复杂性治理的社会政策,推动农村扶贫的可持续发展。

第三节 农村社区抗逆力的基本结构

"抗逆力"并非抽象晦涩的概念,而是一个可以被测量和操作化的结构。进入 21 世纪以来,奥洛克(T. D. O' Rourke)提出了由内固性(robustness)、储备性(redundancy)、资源动员性(resourcefulness)和快速性(rapidity)组成的指标体系,这一指标体系逐渐成为学界较为通用的抗逆力测量方式。具体而言,内固性是指系统在没有衰败或丧失功能的情况下,具有内在的优势来抵抗外在的风险;储备性是指在压力下允许变化,有可供选择和可替代的系统资源;资源动员性是指在突发情况下动员所需资源和服务的能力;快速性是指克服困境的速度,以及安全、服务和资金恢复到稳定状态的速度。[①]

① T. D. O' Rourke and T. R. Briggs, "Critical Infrastructure, Interdependencies, and Resilience," *The Bridge* 37, no. 1(2007): 22 - 29.

抗逆力的四个操作性指标实际上也是主体抵御外在风险的四个动态阶段。我们若将此运用到脱贫攻坚或乡村振兴领域，则可划分出农村社区在此四个维度上抵御风险的结构性内容。

第一，社区内固性结构。对于农村空心化背景下的精准扶贫而言，当地政府和外来专家首先要有风险意识，不能随意大量扶持某种扶贫产业，要在技术和组织方面寻找能够抵御风险的自身优势。一些地区的自然条件、农业人工成本、技术成本等达不到规模农业标准，若盲目上马，风险将会接踵而来，反而是一些濒临失传的种植方法更具有稳定性可以抵御风险。例如有报道说，六叶茄、北京棍豆、北京秋瓜等老品种重返田间进行种植，其稳定性足以抵御外来风险，增加了农民的收入。此外，在社会层面，抗逆力的稳固性体现在农民组织化方面。一方面，农民组织化表现在政治性的民主自治方面。例如，贵州省九溪村在面临公共产品的供给危机和公共治理危机时，激活具有经济互惠、社会互动和公益职能的民间“会”传统，将农民重新组织起来，建立“四老会”“帮扶会（钱会）”“老协会”等组织，这些组织参与农村的民主自治、公共产品生产和公共治理。① 另一方面，农民组织化表现在公益行动方面。较为典型的是笔者自 2015 年以来一直深入研究的吉林省扶余市农民志愿者组织。该组织最先在 20 世纪 80 年代后期由精通多种手艺的乡村木匠自发组成，后在县委宣传部支持下，于 2011 年正式注册建立扶余市精神文明志愿者协会，成员仍然全部由普通农民组成。该组织的志愿服务范围从美化村屯环境逐渐扩展到抗灾扶贫、传统美德宣讲、

① 黄平、王晓毅：《公共性的重建——社区建设的实践与思考（上）》，社会科学文献出版社，2011，第 255、268 页。

自建农村大院开展文化活动等内容，逐渐成为拥有3 000人遍及67个村屯的大型农民志愿者组织。2018年冬，扶余市连续三天遭受雪灾，农民志愿者们积极行动，分班分组参加清雪劳动，仅用一个小时便将乡路打通。农民志愿者组织逐渐名声在外，受到政府和人民群众的广泛关注。普通农民获得了成就感，实现了人生价值，也感染了其他在外打工的村民回乡参与志愿服务，在互帮互助中重建家园感和公共精神，逐渐缓解了人口空心化带来的困境。

第二，社区的储备性结构。除了组织方面，研究者还从社区内部资源的储备性方面分析社区抗逆力。以脱贫攻坚为例，对于公共治理风险，社区自身在组织层面、社会层面的人力储备与资源组织上十分重要。例如，湖北省秭归县在村落治理方面实行"一长八员"制度，可视为乡村公共治理风险管理的储备性资源。"一长八员"制度扩大了村委会规模，成立了由村落理事长和八位理事（经济员、宣传员、帮扶员、调解员、维权员、管护员、环保员、张罗员等）组成的村落理事会。全县选举产生9 347名队员，这些编外工作队员在当地经济发展、社会治理、公益事业建设中发挥了积极作用。①

第三，社区的资源动员性结构。社区抗逆力的主动性还体现在社区对资源的集中动员方面。集中动员不仅涉及社区内部的资源动员和资源链接，也体现为外部主体和社区内部主体之间的互动所形成的抵御风险的资源。近期的西方抗逆力研究者从行动者网络（actor-network perspective）的

① 吴理财等：《公共性的消解与重建》，知识产权出版社，2014，第281页。

角度，强调抗逆力产生于行动者发挥各自能动性之后进行互动的网络之中。[①] 例如，前面提及的治沙协会案例。当地农民自身没有资源和能力处理100公顷沙地，而外来正式注册的环保治沙协会刚开始不能完全说服当地居民合作治沙，于是主动采取了一些策略，遵从乡土逻辑，利用社区的人情互惠原则，积极参与当地的红白喜事，并为一些有需要的村民提供帮工。一些接受过帮工的农民便开始在农闲时主动开展一些简单的治沙活动。[②] 可见，社区抗逆力的形成并非一蹴而就的，而是需要主体之间的互动与协作，各类主体在通过互助形成的行动者网络中聚集和分配资源。

第四，社区应对风险的快速性。从应对风险的动态过程来看，社区应变的速度实际上贯穿于抗逆力的整个阶段。一方面，研究者在技术层面和经济层面事先预估风险发生后恢复的时间和速度；另一方面，研究者还要研究社区内部组织结构的开放性和多元性，以及社区内部协作网络中的信息反馈速度等。例如，前述治沙协会仅用了16年就把1 500公顷沙地变成了绿洲。但是对于当地农民来说，种树退沙的效果仍然很漫长。因此，协会除了改进技术，还要强调短期的经济效益，先满足小农的物质需求，以利益来提升农民做公益的积极性。再比如草原牧牛项目，协会以低于市场的价格将恢复的草原提供给牧牛户放牧，但牧牛户必须以加入草原志愿看护队作为回报。农户积极参与到草原的看护工作中，是因为切实感受到草

---

① Angga Dwiartama and Christopher Rosin, "Exploring Agency Beyond Humans: The Compatibility of Actor-Network Theory and Resilience Thinking," *Ecology and Society* 19, no.3(2014): 28.

② 崔月琴、李远：《草根NGO如何推进农村社区的新公共性建构——基于吉林通榆T协会的实践探索》，《社会科学战线》2017年第3期。

原保护给社区带来了经济实惠。[①] 总之，短期的经济效益与长期的环保恢复计划之间，并非此消彼长的对立关系，而是可以在一个广泛的系统中达到平衡状态。

第四节　国内反贫困社会工作实践中的社区抗逆力培育

总体而言，社区抗逆力是主体面对风险时主动适应和调适的过程。主动性是社区抗逆力区别于其他风险管理范式的独特之处。那么，主动性是通过怎样的机制，将人们对于风险的积极认知转换为积极的抗逆能力的呢？大部分研究者认为，适应和转换是体现主动抵御风险的重要机制。适应指的是社会生态系统的一种学习和整合经验知识的能力，以调节其对于变动的外部驱动和内部过程的适应力，在现有稳定的范围或中心之内继续发展。如前所述，"转换"常与"创新""变革"等词相联系，是指"一种从稳定的状态进行转化的能力，以变化成另一种不同的系统，旨在当生态、经济或者社会结构使得现有结构不能维持之时，能够在本质上创造出一个新系统"。[②] 以此来看，近年来勃兴于国内社会工作界的"社区为本整合社会工作"范式与社区抗逆力的内涵存在契合之处。该范式涌现出"绿耕模式"

① 崔月琴、李远：《草根 NGO 如何推进农村社区的新公共性建构——基于吉林通榆 T 协会的实践探索》，《社会科学战线》2017 年第 3 期。

② Carl Folke, Stephen R. Carpenter and Brian Walker, et al., "Resilience Thinking: Integrating Resilience, Adaptability and Transformability," *Ecology and Society* 15, no. 4(2010): 299 - 305.

“巢状市场小农扶贫”“减贫社会工作”“合作性社会工作”等多种社会工作实践模式。这些都可被视为在人口减少、社会衰败为标志的农村空心化大背景之下，乡村社区在应对农村社会风险过程中形成的社区抗逆力模式。换言之，反贫困实践也可被视为人们主动应对农村空心化的积极行动。不管现今流行的诸多农村社会工作模式是否自觉采用抗逆力的理论和实践框架，实际上它已经发挥了“主动抵御风险”的作用。社会工作者的反贫困实践不论在促进农民生计发展方面，还是在促进乡村基层多元共治方面，都能体现出内固性、储备性、资源动员性、快速性等抗逆力特点。其本质上是一种助力村庄适应和转换外在风险的过程，以寻求一种新的乡村现代性。这种从“风险社会”的自反式现代性角度促进社会工作实践的思维，对于促进中国社会工作的理论自觉和本土化建设具有十分重要的意义。

近年来，随着“三农”建设到精准扶贫、脱贫攻坚再到乡村振兴战略的提出，国内的反贫困社会工作体现出蓬勃发展的状态。反贫困社会工作从一开始就可以被视为应对中国农村空心化风险的产物，在解决人口减少、社会原子化、公共性式微等困境中，逐渐形成名为“社区为本的整合性社会工作”的范式。不同于西方社会工作关注单个个体、家庭、群体、社区的个体化取向，该范式强调社会工作者以整体性社区区域为介入单位，采取优势视角的框架，综合运用个案、小组、社区社会工作，充分挖掘空心化乡村在组织、人力、地方性知识等方面的优势。例如，留守老人常被视为弱势群体，但在社会工作者眼里，他们则是可以发挥主动性的主体，被称为“积极老人”。社会工作者鼓励老人口述村庄的历史和文化，将其变为开展乡村社区教育的讲师，将口述的故事视为社区教育的教材，传承当地的伦理美德。① 可见，问题视角下被视为被动弱势的留守老人，在优势视角框架里却被社会工作者视为积极转换道德衰败风险的重要主体。为此，我们可以从社区抗逆力的角度，重新厘清中国特色的社区为本的整合社会工作的主要特点和变化趋势。

第一，社区为本的整合社会工作突出风险的层次性和复杂性。与常态性的社会工作不同，反贫困社会工作一开始的定位是空心化乡村的重建问题，不仅涉及人口问题，还包括公共服务、产业技术、道德伦理等方面的困境。农村社会工作直接涉及空心化乡村的居民和社区公共性需求、团体组织和人才培养、人和文化优势的激活、生态建设等应对乡村衰落风险的实际问题。② 此外，有学者还强调社区衰败风险具有多层次性和复杂性。具体表现在，当今农村还存在绝对贫穷、消费主义与相对贫穷、文化偏见制造贫穷、权利缺失性贫穷、公共场所私有化、民主选举形式化、文化产业商业化、人与环境关系的新陈代谢断裂等多层面的失调问题，而并非简单的个体贫穷问题。“现如今‘商业会所’‘高大楼盘’‘形象工程’‘工业园区’等现代设施替代了社区民众的物质家园，随着大片土地和家园的消失，传统社区的历史文化遗产被连根拔掉，人们的精神家园也不断失守，造成城乡居民社区感的不断丧落，人与人、人与环境的社会心理联系日益断裂。对许多老百姓而言，目前的社区仅仅是他们临时居住或不得不住的地方（地理单元），这样的社区，人际关系彼此疏离，公共空间支离破碎，居住环境脏乱差，社区民众缺乏

① 李芳、张和清、董鑫建等：《乡村振兴实践案例大家谈（四）“空心化乡村社区”社工介入方略》，《中国社会工作》2019 年第 16 期。
② 同上。

公共参与和主体意识，经常‘被代表’，社区自治成为口号……历史文化传统遭到破坏，社区民众缺乏自信心和文化身份认同。”①此处所列举的种种问题，表面上看是带有悲观主义色彩的问题视角，实际上是一种积极的反思。这些反思是在人与环境的系统论角度上，反思个体所依赖的社区出现的社会风险。这些反思为后来学者们提出“公共参与、生计发展、邻里互助、文化多元、环境友好”的“五位一体”美好社区框架提供了认识论前提。因此，社区为本的整合社会工作范式的提出并非无中生有，而是嵌入中国转型风险社会大背景之中的一种理论和实践反思。这种反思本身存在一种抵御风险的抗逆性思维，也是贝克在风险社会背景下所倡导的新理性，即一种剖析风险的结构和机制，激活社群主体性、建构人与环境互动关系的思维方式。

第二，社区为本的整合社会工作的切入点在于应对风险的适应性机制。抗逆力的主动性自身也具有过程性和多层次性的演化论色彩。卡尔·福尔克(Carl Folke)等认为，社区抵御风险的过程是一个从适应风险到转换风险的动态过程。其中，“适应”是抗逆力的基础，强调一种社会生态系统面对外在压力时整合多种资源的能力。例如，李雪萍等学者从藏区农牧民生计适应研究出发，逐步拓展到易地搬迁扶贫过程中的农民适应问题研究，将抗逆力的适应机制引入反贫困治理中。李雪萍还强调，无论是藏区牧民，还是易地搬迁扶贫的农民，在适应外界风险的过程中，都体现出积极的学习能力和缓冲能力。她同时从类型学角度分析农民适应的不同模式，认为因学习能

① 张和清：《中国社区社会工作的核心议题与实务模式探索——社区为本的整合社会工作实践》，《东南学术》2016 年第 6 期。

力和缓冲能力的差异,农民内部表现出应对贫困风险的不同适应水平。[①] 从某种意义上来看,“适应”涉及贫困风险的主体性应对能力问题,被视为反贫困工作的基础环节。因此,国内近几年开展的反贫困社会工作实践一直聚焦于提升农民的生计适应能力。例如,张和清直接将农民的生计问题作为社区为本的整合社会工作的切入点,其实施的广东从化仙娘溪村重建项目成为生计适应型乡村重建的典型案例。仙娘溪村面对的风险在于农产品单一化。村民原先传统种植的青梅、番薯、蔬菜、水稻等多样化产业结构受到一村一品工程影响,近80%的耕地都种植砂糖橘,但其价格大起大落,村民生计不稳定。生计问题迫使大多数青壮年劳动力外出,基础教育也受到“撤点并校”的影响,促使仙娘溪村成为典型的空心村。[②] 张和清开始反思其团队早期从梳理乡村口述史入手促进乡村文化发展的局限性。“每当面对村民的生计和生态方面的问题时,驻村社会工作者基本上无力回应,工作员挫败感很强。”[③]他因此强调一种生计优先的原则,应从组织建设和资产建设两个方面对农民的生计进行回应。

张和清带领的社会工作者从2011年开始就以驻村的方式积极挖掘当地村庄的优势、资产和能力,以“生计”作为社区工作的突破口和社区组织建设的主线,先后培育了“乡村旅社”“生态种植”“食品加工”“生态

① 李雪萍:《转型期藏族农牧民生计适应的复杂样态与内在逻辑》,《江汉论坛》2018年第9期;魏爱春、李雪萍:《易地扶贫搬迁中抗逆力动力机制的建构——基于渝东M镇易地扶贫搬迁安置点的考察》,《华中农业大学学报(社会科学版)》2019年第5期。

② 张和清:《中国社区社会工作的核心议题与实务模式探索——社区为本的整合社会工作实践》,《东南学术》2016年第6期。

③ 张和清、杨锡聪等:《社区为本的整合社会工作实践:理论、实务与绿耕经验》,社会科学文献出版社,2016,第7页。

文化导赏”等互助组，依靠组织起来的居民力量改善村民生计。从“社区抗逆力”的角度来看，社区主动应对风险的首要因素在于社区的“内固性”，是一种社区内部的组织性和联结性。因此，社会工作者激活乡村社区原有的组织优势，将农民重新组织起来，成为提升农民适应能力的重要途径。

一方面，社会工作者从优势视角和资产建设的角度，挖掘当地固有的组织优势，增强农村社区组织的内固性。从优势视角和资产建设理论来看抗逆力培育，社区主动应对风险的能力首先在于挖掘系统内部固有的组织性资产和能力优势。“假设社区和它的周围环境都隐藏着某种内在的资源，任何社区都有其独特的资产和优势，社会工作者应该认真欣赏和发掘社区的内部资源、资产和能力。优势视角和资产为本的取向可以激发民众和社会工作者的乐观情绪、希望和动机。”①如表 2－1 所示，驻村社会工作者在留守妇女和村落文化方面，发现当地留守妇女勤劳能干、易于组织的优势，以及村民保有互助文化、宗族观念强等内固性的资产优势，鼓励农民看到了改善生计的希望。

表 2－1　仙娘溪—乐明村的资产盘点表

资产与资源	主要特点与优势
留守妇女	年龄大约在四五十岁，热情朴实、勤劳能干，易于组织
生态环境优越	山清水秀、空气清新、田园风光优美；萤火虫、青蛙等物种丰富

① 张和清、杨锡聪等：《社区为本的整合社会工作实践：理论、实务与绿耕经验》，社会科学文献出版社，2016，第 7 页。

续　表

资产与资源	主要特点与优势
传统建筑	村内有整片的传统土坯围屋；祠堂部分倒塌，但仍保留原貌
公共空间	仙娘溪：废旧的小广场、近乎倒塌的祠堂、公共篮球场（晒谷场）等；乐明村：村委会广场、闲置的老村委会和小学校、晒谷场等
村落文化	民风淳朴，村民依然保有互助传统；保留着传统农耕文化；宗族观念强，保有族谱；村民保有初一、十五在祠堂祭祀等传统习俗……
物产多样	水稻、花生、番薯、各种蔬菜、青梅、李子、鸡鸭鱼等在村中随处可见……

资料来源：张和清、杨锡聪等：《社区为本的整合社会工作实践：理论、实务与绿耕经验》，社会科学文献出版社，2016，第134—135页。

2010年4月，张和清带领的绿耕社会工作服务中心把村里的老围屋打造成乡村旅社，并将仙娘溪村的七位留守妇女组织起来，成立了“七仙娘乡村旅社管理小组”。管理小组自主经营乡村旅社，设置外联、会计、出纳、采购、维修等负责人，共同讨论确定了乡村旅社利润的分配原则。① 此外，社会工作者还通过链接广州城市消费者资源开展“城乡合作”的乡村生活体验活动，增加留守妇女的收入。2010年5月，乡村旅社迎来了第一批城市客人，大家都青睐于当地的农产品和农家饭。留守妇女受到极大鼓舞，激发了自身主动改善生计的动力，进而增强了学习适应能力。学习能力是社区抗逆力适应机制的重要内容，是为开发与挖掘潜在资源所需的知识和技能，行动者通过对知识的转移、模仿、改进与创造来提高与环境相适应的胜任力。管理小组受到鼓舞之后，主动开展多项乡村体验活动，将游客品尝农家饭的形

① 张和清、杨锡聪等：《社区为本的整合社会工作实践：理论、实务与绿耕经验》，社会科学文献出版社，2016，第126—127页。

式扩展到不同季节组织游客挖番薯、插秧、收稻谷、采摘洛神花等农耕文化体验活动。该小组同时恢复了村中竹编传统手艺,组织游客辨识自然植物等生态体验活动。此外,社会工作者通过开设公平贸易店,发起"城乡汇"农夫市集,通过组织城市居民共同购买等形式,形成消费者网络,支持村民开展生态种植。当村民通过种植农产品获得收益时,他们更坚定了继续耕种下去的信心。就这样,村里的生态农产品不再是村民口中的"卖不出的没用货",而是变成了可以"换猪肉钱"的好东西。① 可见,农民的组织化不仅提升了生计能力,而且改变了农民在城市化刺激下形成的对于农耕文化的抵触情绪,形成了一种重新认识和激活地方性知识的学习能力。这种能力的实质是将原先人们司空见惯甚至认为无用的本土知识进行改进和再创造,形成与城市文化同等重要的新农耕文化。新农耕文化能增强农民对于快速城市化的适应性,提升农民的自我认同能力。

另一方面,社会工作者从生态文明的角度挖掘当地多样化种植优势,增强社区抗逆力的储备性。从社区抗逆力的角度来看,储备性是抗逆力的重要组成因素,是指压力下允许变化、可供选择和可替代的系统资源。② 可见,在强调规模化经营或者一村一品的扶贫大背景下,我们不能简单地将反贫困的目的理解为消除乡村种植多元化的产业结构,而是要认识到社会工作者给农民提供了一些可供选择的资源。在仙娘溪村案例中,社会工作者认识到80%的农民种植砂糖橘体现出的局限性,强调深入挖掘传统青梅种植

① 张和清、杨锡聪等:《社区为本的整合社会工作实践:理论、实务与绿耕经验》,社会科学文献出版社,2016,第132页。

② T. D. O' Rourke and T. R. Briggs, "Critical Infrastructure, Interdependencies, and Resilience," *The Bridge* 37, no. 1(2007): 22-29.

的市场潜力。他们认为，青梅的食疗价值高，尤其在中国台湾地区和日本都深受欢迎，于是帮助当地农民成立"原乡梅好"合作社，将青梅加工成系列产品。据统计，2015 年，单是青梅产品的销售额就超过 16 万元，极大提高了留守村民"活在家乡"的积极性。[①] 可见，扩大农民生产组织化的方式，增加了农民应对市场风险的储备性资源，极大提升了农民应对市场变化风险的适应能力。正如李雪萍强调的，除了学习能力，缓冲能力也是中国农民抵御风险培养适应能力的主要指标。缓冲能力是指系统在遭遇变化或扰动时，仍能保持原有结构与功能的能力。[②] 因此，仙娘溪村案例的成功之处在于，社会工作者将多样性和多元化的生态文明理念视为培养农民生计适应能力的重要前提。他们通过组织化手段实现经济作物多元化种植，增强乡村抵御市场风险的储备性，最终通过增强农民的市场适应能力来培育乡村抗逆力。

总之，社区为本的整合社会工作模式强调社会工作者从改善生计入手，通过提升农民对于地方性知识的再认识和创新后的学习能力，以及加强乡村经济多样性，来提高农民适应市场风险的资源储备性。同时，该模式激活了农村社区的固有优势，形成了抵御快速城市化和农业经济过度市场化风险的社区抗逆力。

第三，社区为本的整合社会工作的关键在于公共性转换机制。抗逆力概念源于工程学，强调物体受到压力后重新回到原状的能力。但随着此概念在社会科学界的深入应用，个体、家庭、社区等抗逆力主体的系统性和复

① 张和清、杨锡聪等：《社区为本的整合社会工作实践：理论、实务与绿耕经验》，社会科学文献出版社，2016，第 127 页。

② 魏爱春、李雪萍：《易地扶贫搬迁中抗逆力动力机制的建构——基于渝东 M 镇易地扶贫搬迁安置点的考察》，《华中农业大学学报(社会科学版)》2019 年第 5 期。

杂性不断增强。无论主体是经历自然风险，还是社会风险，其系统内部的各类因素的不同组合关系和互动结构，都不可能完全如同自然界物体一样保持原状，而是要形成一个内外因素结合组成的新关系结构。这一过程被称为“转换”，常与“创新”“变革”等词相联系。其定义是“一种从稳定的状态进行转化的能力，以变化成另一种不同的系统，旨在当生态、经济或者社会结构使得现有结构不能维持之时，能够在本质上创造出一个新系统”。① 我们以此定义来看社区为本的整合社会工作实践的第二阶段，则是从增加农民收入，让其丰衣足食的稳定阶段转换到一个社区公共性重建的状态。换言之，社区适应风险的高级状态是从形成物质生活稳定的适应状态，转化到一种超越个体之外的各类因素互相平衡的公共性状态。“公共性”尽管是一个更为复杂的社会科学概念体系，但系统论学者一致认为公共性是社会内部各部分之间经过动态复杂的互动之后保持的一种稳定性属性。包括日本和韩国在内的经济合作与发展组织国家普遍采用公益性（国家资源投入在社会性投入中的程度比重）、公正性、公民性和公开性作为分析与测量公共性的主要内容。从结构功能角度来看，公共性与抗逆力之间存在一种内在的因果关系，即公共性是一种社区共同体的内在结构。不同结构体现出不同的功能，这些功能又通过风险管理机制体现出一种表现为抗逆力的结果。首先在社区共同体内部，要获得国家提供的满足公共利益的公共服务（公益性），才能在面对突发事件时，通过风险管理机制将其转换为社区用来抵御风险可供储备和动员的资源。其次，社区共同体内部存在本地居民、居民组

① Carl Folke, Stephen R. Carpenter, Brian Walker, et al., “Resilience Thinking: Integrating Resilience, Adaptability and Transformability,” *Ecology & Society* 15, no. 4(2010): 299 - 305.

织、外来者等主体之间互动参与的公民性结构（公民参与性），才能在社区面对风险时，通过风险管理机制将其转换为抗逆力的组织内固性。最后，社区本身获得的各类信息，只有具有公开透明性，才能在面对风险时通过风险管理机制将其转换为抗逆力所需的快速反应性。总体而言，“抗逆力”转向“公共性”的过程包括以下几个方面：

一是社会工作者在激活农民优势快速动员资源的生计适应的基础上，将之转换为一种公共参与能力。一方面，在农民主动学会生计适应的阶段，农民参与的实质是一种建立在互助小组的组织化的基础上，对集体的资源进行动员的过程。该过程在改善农民的生计过程中，不断增强村民适应风险的公共储备资源，奠定了村民维护公共利益的公益性基础。另一方面，在村民维护公共利益的基础上，社会工作者培养了村民管理村庄公共事务的能力。例如，在仙娘溪村的案例中，社会工作者除了将农民组织起来建立经济类生产互助组之外，还积极建立农民的公共事务组织，培育村民的公共意识和公共参与能力。从乡村旅社的利润公益化开始，互助组将住宿费的30％用于公共开支：第一个10％作为社区公益金，用于支持村里公共厕所、关怀孤寡老人等社区照顾服务；第二个10％作为乡村旅社老屋的定期维修金；第三个10％作为互助组归还乡村旅社借用的启动资金。此外，社会工作者还积极组织农民共同修缮祠堂等公共空间，由村委会、理事会、村民、社工共同监督工程质量。

2015年7月，社会工作者在当地建立公共参与组织性质的妇女之家。社会工作者依托妇女之家组建了妇女广场舞队，组织妇女唱歌、跳广场舞。此外，社会工作者还举办社区学堂，动员妇女一起学习制作粽子、月饼、油角等当地美食，并分享米醋、酵素、堆肥等生产生活技艺。该组织的活动范围逐渐从制作美食发展到关心食材、健康、土地保育、环境保护等社区公共议题。此外，为了关注留守儿童，丰富其暑假生活，妇女之家为村里的青少年开展了夏令营活动。借由一系列公共活动，妇女之家被打造成融社区组织建设、文化娱乐活动、社区学习等为一体的村民公共活动空间，通过强化公共参与和公共生活意识，实现了社区的可持续发展。①

从此，农民参与的内涵明显有了变化，即村民从关注小我的利益转换到关注村庄公共事务，并始终以自我组织化的形式参与其中，保证了公共参与的稳定性和长期性。有学者指出，此类公共性转换意味着行动者突破原有发展轨迹进入新的发展道路，依赖于他们的自组织能力。② 以前空心化风险和市场化风险来临时，农民采用单打独斗的形式来应对。社会工作者激活农民自身的互助性之后，强调农民的自组织建设，进入从维护集体利益、集体决策、执行监督等多方面实现公共参与的新状态。此类新状态也标志着农村社区抗逆力从抵御突发危机的“临时性”，升级为“常态化”公共治理的可持续性。

二是公共治理结构成为抗逆力转换的新阶段。公共性实际上是一个抽象的哲学概念。近几年来，面对集体理性和价值理性的缺失，社会科学界积极寻回公共性，并试图以操作化的方式，对公共性的结构进行指标化分析。其中，公民性、公正性、公开性可以说是评判公共性的核心指标。公民性是

① 张和清、杨锡聪等：《社区为本的整合社会工作实践：理论、实务与绿耕经验》，社会科学文献出版社，2016，第127—128、132页。

② 魏爱春、李雪萍：《易地扶贫搬迁中抗逆力动力机制的建构——基于渝东M镇易地扶贫搬迁安置点的考察》，《华中农业大学学报（社会科学版）》2019年第5期。

指公民参与的程度;公正性是指一个社会的资源分配状态的均衡性,以及资源的获得性;公开性是指政策决策过程中的透明度。从逻辑上看,公正性属于规范性和普适性范畴,是检验公民性高低的价值尺度;公开性强调的是一种政策信息流动和传播机制的公平性,具有政治权力的监督性。因此,公正性和公开性可被理解为公民性的较高阶段。反贫困社会工作也应遵循“公共性”的转换原则。社会工作者不仅要将农民抵御风险的能力转换为一种公共参与能力,更关键的是形成一种包括农民、村委会、社会工作者、高校、企业、民间组织等村庄内外多种主体在内的公共治理结构。在前文提及的仙娘溪村案例中,社会工作者培育包括留守妇女、留守老人在内的农民的公共参与能力之后,进一步从整体角度营造一种强调政府公平分配资源、公开政策信息的公共治理环境,具体表现为村民建立理事会。公共空间修缮、公共活动开展、弱势群体救助等村庄公共治理事务都由理事会、村委会、村民、社会工作者共同决策讨论。①

另一个典型的案例是,吉林大学李文祥教授带领社会工作团队分别在吉林省和贵州省的两个村庄,探索一种社会工作化解村庄矛盾的合作性社会工作模式。随着农村家庭联产承包责任制的深入开展,农民的物权观念和自我权益意识不断增强,农村出现了农民为维护自身利益,与基层政府甚至涉村企业之间的纠纷和矛盾。在吉林省的案例中,某村庄的村民与基层政府产生矛盾,起因是政府收回了该村村民赖以生存的土地以及土地补偿;在贵州省的案例中,村民与驻村矿山企业产生纠纷,原因在于矿山企业驻村

① 张和清、杨锡聪等:《社区为本的整合社会工作实践:理论、实务与绿耕经验》,社会科学文献出版社,2016,第128、136—137页。

发展使得村民失地，同时又破坏了环境，村民于是集体表达诉求，村企矛盾加深。从本质上看，村民的诉求具有生计性和政治权利性，既要求退回耕地，追加经济补偿，又要求建立合理的利益表达渠道。

于是，以李文祥教授为代表的吉林大学社会工作团队以大学的社会管理科研团队为基础，尝试以社会工作的方式参与农村的公共治理。该团队分别于2010年1月和4月，与村民、村委会、企业签署合作协议，组成社会工作委员会，设立社会工作办公室，以大学科研团队为主导，由各方安排专职人员常驻社会工作办公室。社会工作办公室在冲突管控和生计发展两个方面开展工作。针对村民与村委会有土地纠纷的农村，社会工作办公室一方面接待来访群众，了解群众诉求；一方面召集大学科研团队、村委会、村民代表、乡政府负责人员参加社区联席会议，使村民得以参与社区内部事务。针对村民与驻村企业有纠纷的农村，社会工作办公室一方面积极接待村民，联合司法、信访等部门组成调查小组，逐户进行走访；另一方面，撰写情况说明提交联席会议进行商议，由于联席会议成员的平等性，村民与其他各方一起发表意见讨论解决方案，最终使村民与企业都获得了满意的结果。社会工作办公室共接待群众1 360余人次，群众反映的事项有80多项，解决率达90%，群众满意度达80%。后来其作为全国和谐矿区典型，被国内各大媒体广泛宣传。[①] 此种模式被李文祥称为“合作性社会工作”。其定义为：“合作性社会工作由政府及政府性社会组织和民办社会工作组织根据项目需要，通过协议共建联合性的社会工作站。协议的核心在于合作，既包括民办社

① 李文祥、高锡林：《社会工作介入与农村社会管理转型》，《吉林大学社会科学学报》2015年第1期。

会工作组织与政府在购买服务层面的合作，也包括二者在组织与人员层面及工作任务与目标方面的合作。”①

其独特性在于，合作性社会工作的主体并非注册意义上的法人性机构，而是通过民办社会工作组织与政府部门、事业单位、人民团体等公共机构合作的方式，建立联合性的服务主体，即：一方面，以非政府的社会组织为直接的微观服务主体，面向受助者提供社会服务；另一方面，以政府及政府性社会组织为间接的宏观服务主体，通过民办社会工作组织为受助者提供政策安排支持，并承担成功模式的政策推广职责。这种模式不同于作为西方社会工作服务主体的民办社会组织，也不同于作为中国本土社会工作服务主体的政府或政府性社会组织。合作性社会工作以民办社会组织为直接主体，以政府及政府性组织为间接主体，既保持了对个体提供支持的集体主义，又摒弃了抑制个体自由的弊端，并由于引进了协商方式与技能型方法带来了对个体需要与权益的支持。②

可见，从本质上看，合作性社会工作模式的实质在于，从公共参与的公民性转换到一种强调公正性和公开性的公共治理结构。此类治理结构并不具有西方新自由主义式的弱国家强社会的特性，而是政府制度权威、社会活力、个体权益之间保持的一种平衡状态。特别是对于嵌入政府治理体系的中国社会工作而言，其作为一个协商主体，能够挖掘包括基层政府和驻村企业在内的各类主体的诉求，并制定公共协商规则，维持彼此的边界。各类主体在不断地博弈和调整中，保持主体利益之间的平衡，最终形成彰显系统性

① 李文祥：《合作性社会工作的全球视野与中国性实践》，《社会科学辑刊》2016 年第 4 期。
② 同上。

和有机性的公共治理结构。

三是抗逆力转换为自然共生的公共性。进入21世纪以来，环境风险逐渐成为农村现代化不可忽视的风险之一。深层次原因在于人与自然共生共存的乡村公共性日渐式微。因此，从风险管理的角度来看，农村社区抗逆力的建构，除了转换为政治性的公共性之外，还要升华到生态主义的公共性层面。那么，如何将这一宏大叙事与乡村劳作相结合呢？换言之，靠天吃饭的小农自身具有的环境伦理，如何在市场资本力量压力下得以激活，又如何升华成组织化和内生性的生态主义？近年来，“环境意识”被整合到农村反贫困社会工作框架中。特别是“五位一体”美好社区生态体系的提出，将乡村生态主义公共性和社区抗逆力建构结合到日常的农民生产和组织生活中。“五位一体”指的是集公共参与、生计发展、邻里互助、文化多元、环境友好等五方面于一身的乡村生态社区体系。特别是“当社区居民的生计、生活和生态步入良性循环时，意味着这个社区已经迈向美好社区和幸福生活的轨道，进入‘道法自然、永续发展’的状态，而当越来越多的社区实现生态社区和永续生活的发展目标时，中国社会不可持续的发展模式和社会不公的现实才能得到根本的改变”。[①] 实际上，环境友好从一开始就贯穿于生计发展、公共参与、邻里互助、文化多元的实践过程中。

首先，在生计发展方面，社会工作者一开始积极鼓励农民重新种植老品种，向城市社区固定的消费者群体宣传和倡导老品种的稳定性和安全性，形成“订单农业”式的城乡合作关系。农民种植老品种除了体现抵抗化学肥料

① 张和清、杨锡聪等：《社区为本的整合社会工作实践：理论、实务与绿耕经验》，社会科学文献出版社，2016，第27页。

风险的主体性之外，还重新塑造了自身的环境生态意识。因为标准化、科技化、快速化生产线式农业资本日益瓦解了农民业已积累的农业知识和文化结构，农民逐渐失去底气。老品种的重新种植会让农民重拾信心，体现出生态主义的主体性。

其次，社会工作者在公共参与的组织化方面，将农民组织起来，通过生态种植小组、乡村旅社、生态培育讲座、自然导赏小组等组织和培训方式，开展观看环保纪录片、有机农业食品安全讲座、鸟类摄影等活动，提升农民系统性的环保意识。

最后，在环保意识代际传递方面，社会工作者注重从娃娃抓起，针对农村儿童乱吃工业化零食的习惯，开展“零食替代”行动。驻村社会工作者组织农村妈妈一起采用当地食材制作健康零食，逐渐改变孩子们的饮食习惯，使其从小形成亲自然的生活方式和环保意识。① 可见，若从社区抗逆力的转换角度来看，反贫困社会工作还将最高层次的天人共生共存的公共性，统摄于全部实务技巧中。该过程体现出社区抗逆力最终转换为高层次的生态公共性。

第五节　结论与讨论

20世纪80年代以来，国内农村人口大量涌入城市，为城市工业化和现代化作出了巨大贡献。同时，农村人口大量外流也带来了城乡发展不平衡

① 张和清、杨锡聪等：《社区为本的整合社会工作实践：理论、实务与绿耕经验》，社会科学文献出版社，2016，第99—118页。

和农村空心化的社会风险危机。不同于自然灾害带来的即时性和可见性风险，农村劳动力大量外流的直接后果是加剧了当地社区的贫困危机。特别是土地贫瘠的深度贫困地区，留守儿童、留守妇女、留守老人成为贫困人口。人口空心化带来的连锁反应不仅是人口规模多寡的物理问题，还涉及社会关系萎缩、公共生活式微等社会问题。这些问题演变为不同于自然风险的社会风险，呈现出隐蔽性、动态性等新特点。因此，农村反贫困工作并非简单发展当地农业经济，而是与风险社会治理紧密联系在一起的。对于社会工作而言，反贫困社会工作通过“社区抗逆力”概念框架助力农村个体、家庭、组织等社会主体提升风险应对能力。原因在于，从某种意义上看，风险治理与社会工作实践存在天然的有机联系。

近年来，随着国家脱贫攻坚战略的深入开展，反贫困社会工作的深远意义除了立足于中国本土农村社区之外，还在于将风险管理中的内在稳定性、资源动员性、快速反应性等主体性力量和机制引入社区社会工作实务中。一方面，国内已经有学者明确采用社区抗逆力、民间抗逆力等概念，挖掘少数民族深度贫困社区居民自身积极应对风险的主体性因素。另一方面，近几年国内形成了以“绿耕模式”为代表的整合性社会工作，以及社会工作者调节当地矛盾的“合作性社会工作”等模式。对于这些反贫困社会工作模式而言，我们可以采用社区抗逆力的指标和机制等框架来分析当地贫困社区应对风险体现的主动性与动态性。这些模式对中国乡村振兴和乡村社会治理具有深远的理论和实践意义。然而国内主流的反贫困社会工作尚未完全明确采用社区抗逆力等概念框架来指导实际的反贫困实务，只是我们事后用社区抗逆力的概念去提炼整合社会工作中蕴含的社区抗逆力逻辑。因此，研究者应将社区抗逆力框架主动置于社区为本的整合社会工作中，增强反贫困社会工作的抗逆性思维，积极培育农民组织、村级两委、基层政府等主体主动适应和转换风险的能力。同时，社会工作者通过社区抗逆力框架，也能提升农村社区抵御返贫风险的能力，使其在抵御风险的动态过程中实现真正可持续发展。

第三章　社区抗逆力与城市低收入老旧社区的反贫困社会工作

20世纪90年代末以来，国有企业改革持续深入推进，相伴生的社会转型风险也如影随形。以前国企分配住房形成的职工家属区出现大量下岗职工，形成了成片低收入老旧社区。特别是在东北、西北等老工业基地，国企低收入老旧社区仍然是基层社会治理的重要对象。但是，如果我们从社区抗逆力的角度来看，老旧社区自身并非完全被动应对社会转型风险。2000年以后，诸如上海、武汉、沈阳、长春、哈尔滨等很多典型老工业城市的基层政府，相继采取招聘大量原国企干部管理基层社区的形式，作为新型社区建设的重要内容，总体提升基层社区的管理水平。这些原国企管理干部进入基层社区之后，将当年在组织管理、矛盾纠纷调解、公共活动组织等方面积累的管理和动员群众经验，运用到社区重建过程中。

然而，该群体在老旧社区治理中积累的“本土性知识”并未被重视，甚至在一些大城市，随着专业社会工作体系化知识技术的推广，以及社会工作师认定考试的发展，老社区管理者逐渐被专业化人员所替代，其身份合法性和专业合理性被挑战，进而产生了心理落差和被排斥感。然而在实际的社区治理过程中，新一代基层社区管理者在矛盾调解、社区整合等方面运用教科书式的社会工作技巧时，又往往出现水土不服的困境。因此，基层社区管理者自身的心理压力缓解和身份荣誉提升需求，也应是城市低收入老旧社区反贫困社会工作的重要内容。对于低收入老旧社区的反贫困社会工作而言，其面对的不仅是居民就业问题，更为重要的是社区管理者的反贫困经验及其背后蕴含的社区抗逆力因素的总结与激发问题。

鉴于此，从 2019 年开始，笔者所在的社会工作研究团队尝试总结提炼东北地区老旧社区管理者的反贫困和社区治理经验，以帮助他们重新寻回自信心和自我价值。但是，其管理经验并非唾手可得，其自身也没有进行系统总结。因此，我们若要发掘社区管理者管理经验背后隐藏的社区抗逆力因素，就要以“一起总结经验”的形式，通过社会工作的叙事疗法框架，重新塑造他们自身的“社区治理叙事”。这本身也是针对社区管理者重新找回自信、重新激发老旧社区居民社区认同感的社会工作实践。这一实践有利于社会工作者将地方性知识和规范性知识相结合，形成新时期城市低收入老旧社区的反贫困社会工作体系。

第一节 城市低收入老旧社区治理“风险”

20 世纪 90 年代中后期，城市经济体制改革深入开展，尤其是国企改革引起的利益关系与产权关系变革产生了一系列社会后果。国企家属区作为单位体制改革的空间载体，自然体现出一些体制改革的风险特征。

首先，社会原子化与人员构成复杂化。在计划经济的单位制时期，国企按照就近工作生活的原则，在厂房周边建造工人住宅区。这种生产空间和生活空间的重叠，导致社区居民同质化程度较高。但是在单位制解体后，社区内人员构成日益杂化。一是单位资源的硬性控制消解，社区居民变成“社会人”，其自主性增强，人口流动更加频繁。部分居民在下岗后搬离原社区，也有农民工迁入租房居住。二是外来人口增多，城市化过程中，城市边缘的农村人口向城市流动。三是人际关系冷漠。社区成员在下岗后缺乏激情，公众道德缺失，加大了社区治理的难度。

其次，日常管理“碎片化”。较之于单位制时期有组织、有制度的管理和约束，现今社区的管理更为零散，且居民自身具有很大的自由度，这对社区管理和公共服务提出了挑战。

再次，国企在单位制时期提供主要的公共服务和社会保障，街道和居委会并不承担主要职能。在 2000 年后国家大力开展新型社区建设时，社区居委会尚未建构出完备的公共治理体系。例如，笔者曾经对长春市某重点改造棚户区的居委会主任进行访谈。她这样描述刚开始时的社区工作：“居委会主任工作千头万绪，政府一条线，不仅包括日常的服务居民、开各种会议、做好上下连接，还包括收卫生费、订报纸刊物、收流动人口管理费、看烧纸（文明祭奠）、办低保、检查卫生。”①可见，社区居委会工作既包括救助弱势群体，又包括协助政府进行基层管理，涵盖领域广泛，工作内容十分繁杂，加大了管理难度。

① 2019 年 11 月 3 日访谈资料。

最后，居民公共责任感和公共参与程度不足。单位制消解后，社区居民的参与性普遍下降，公共责任感降低。市场经济改革的另一个影响是提高了行动中利益的优先级，居民普遍拥有了更多私人空间，更加关注私人利益，以往集体主义的参与热情和社区意识日渐式微。

第二节　单位制到社区制变迁的连续性

单位制消解后，许多原来由企业单位承接的社会功能和服务下沉到社区居委会，标志着中国城市基层社区治理模式从单位制转向社区制。现有的基层社区研究也主要以“变”为核心展开分析。但值得注意的是，历史是有连续性的，制度的发展也往往存在路径的依赖。如果我们抛开纵向的历史沿革惯性，只从横剖面上来分析和解释，就人为地割裂了历史的连续性。因此，无论是研究者还是社会工作实务者，还需要在纵向上强调一种历史连续性思维。因为“历史是全息的历史，社会是全息的社会，非跳跃的连续性思维体现了对全息对象的多角度思考。从历史的整体观来看当今社区的问题，才能获得一个总体的认知，意识到社区内部的不变的特质和力量”。[①]

质言之，国有企业单位背景下的社区，即使是新型社区的行政区划，也依然保留单位社区的文化内核。正如田毅鹏、王丽丽所说，社会体制变革的兴起，虽然是以单位“退场”、社区“入场”为标志的，但单位制的影响在社区

① 芦恒：《后单位社会的“历史连续性”与基层社会的“优势治理”——基于东北棚户区改造后的思考》，《山东社会科学》2016 年第 6 期。

制时期仍然长期存在，尤其是在单位社区。[①] 单位组织对单位人的影响是潜移默化的，单位人在单位中习得的事实性知识和价值观念是一种内化的社区文化要素，不可能瞬间消散，仍会以各种方式作用于单位人的日常生活实践。对于以前国有企业的管理干部亦如此。其本身也是社区居民，其单位管理经验会以思维方式和治理习惯的方式保留下来。除了国企管理干部，普通职工在下岗后也并非一蹶不振，而是以再就业和家庭互助的方式应对危机，展现出吃苦耐劳和自强不息的精神面貌。这与单位制时期的高度组织性和劳模精神相关，个体的思维和行动逻辑都有单位的痕迹，这正是单位型社区抗逆力的重要组成部分。

第三节　叙事治疗视角下的反贫困社会工作

如前所述，经过国企改革、单位体制消解等社会转型之后，大量单位社区日趋衰败，相继出现一些社区治理困境。同时，以社区党支部书记或社区主任为代表的基层社区管理者同样也是社区反贫困的重要主体，他们作为最末端的公共服务提供者和公共治理主体，以何种方式应对社区治理危机？这些也是我们在分析贫困社区抗逆力时需要深入分析的核心内容。传统西方的社区抗逆力研究往往忽视了社区管理者具有抗逆力的认知和行为。其

① 田毅鹏、王丽丽：《单位的“隐形在场”与基层社会治理——以“后单位社会”为背景》，《中国特色社会主义研究》2017 年第 2 期。

前提在于，西方社区管理者自身嵌入社区自治的网络中，其治理社区的作用只有在与各类主体的互动行动中才能凸显出来。中国的社区具有特殊性，社区管理者的动员和连带作用被视为推动社区发展与应对风险的重要因素。尤其是我们在研究国内的低收入老旧社区时，更不能忽视对社区管理者的抗逆力经验的分析。

然而，在我们对老旧社区的社区党支部书记或者社区主任进行访谈时，他们大多采用的是消极的“问题叙事”，描述社区管理的各类困难，并经常运用“上面千条线，下面一根针”的口头禅来形容基层社区管理事务的庞杂性。但是，另一种叙事则是他们经常将“迎难而上”“千锤百炼”“没有条件，创造条件也要上”等话语挂在嘴边。特别是曾经具有国企管理经验的社区管理者，其话语具有强烈的抗逆性。在政府树立的基层社会治理模范人物中，其中一些拥有“国企经验”的老书记进入了我们的视野。有学者关注到，上海基层社区存在一种名为“社嫂”的群体，正是这些有着车间管理经验的社区管理者，为新世纪社区建设改革和基层治理创新做出了应有的贡献。

1996 年，上海市面向国有企业的中层干部组织社区招聘考试，选聘出约 3 000 名企业中层干部，并将其纳入社会事业编制，担任社区管理者，这个群体在当时的政策安排和实践中被称为“社嫂”。该群体具有以下三个特征：一是具有纺织厂、仪电厂和服装厂等国有企业的干部经历，学历、技能和综合素质较高；二是绝大部分群体成员是党员，具有浓厚的爱国主义和集体主义情怀；三是多为女性。[①] 无独有偶，老工业基地的社区也存在这一类群体。

① 徐选国、唐晓琦、杨威威：《制度变迁、角色建构与国家—个人关系的演化逻辑——基于对上海“社嫂”的口述史研究》，《社会发展研究》2020 年第 2 期。

笔者团队访谈过的对象回忆，1998 年，国有企业改革正式启动后，东北地区的沈阳、哈尔滨、长春、齐齐哈尔等大城市首先招聘一定数量的国企干部，担任新合并社区居委会的党委书记或主任。该群体以国有大中型企业中的党员干部和女性为主，成为推动社区建设的主要力量，也成为东北老工业基地社区抵御城市贫困风险的重要主体。这是一个非常特殊的群体：在生活经历上，他们从国有企业下岗到社区就业，心理落差较大，又处于社区建设初期，社区治理事务千头万绪；在历史机遇上，该群体赶上了基层社区管理者年轻化、专业化（拥有社会工作师证书）、职业化的时代变革，存在害怕被排斥心态。因此，这类社区管理者大多采用列举“社区问题”的形式来抒发内心的心理落差和不平衡感，以证明其在社区建设中的合理性和自身价值。

一、叙事疗法重新塑造“问题视角”

近 10 年来，国家日益重视基层社区治理的科学化和现代化建设。党的十八大第一次将社区治理写入党的纲领性文件，社区治理成为社会治理的重点工作。2017 年 7 月，《中共中央 国务院关于加强和完善城乡社区治理的意见》（简称《意见》）印发并实施。《意见》在完善城乡社区治理体系、不断提升城乡社区治理水平、着力补齐城乡社区治理短板、强化组织保障等方面进行了部署，明确了改革发展的方向和重点任务。特别是近 5 年内，政府和学界都日益重视总结基层党建、基层社区治理等经验的重要性，强调重新认识中国发展的道路自信、理论自信、制度自信、文化自信。基层社区经验的总结实际上也是一种优势视角，政府和学者通过优势视角，重新发现传统文化、社会主义文化和改革创新文化中已经积累的国家治理元素。特别是政府强调社会治理共同体建设以来，民政部一直在推动社区治理的区域经验总结工作。近几年，政府促进学术界重视基层社区管理者的治理经验，总结提炼出一些以社区书记姓名命名的治理方法并以专著形式出版，例如介绍马善祥基层调解经验的《调解密码：老马调解的六十六法》、介绍东北地区单位社区治理经验的《吴亚琴社区工作法》。特别是《吴亚琴社区工作法》，可被视为国内较早全面介绍基层社区治理本土经验的著作。该书根据全国“时代楷模”、全国优秀共产党员、全国“五一劳动奖章”获得者，吉林省长春市宽城区长山花园社区党委书记吴亚琴20多年的贫困老旧社区治理经验编写。其经验被研究团队系统提炼为36种方法，除社区调解外，还包括党建、居民自治、服务善治、社会共治、平安法治、文化德治等多方面的综合性社区治理经验。这些经验极具草根性、链接性、实用性、技巧性，不仅是对新时代社区“共建、共治、共享”治理目标的直接回应，也与社会转型的时代背景紧密契合。①

与此不同的是，对于低收入老旧社区的社区管理者而言，他们只能向上级领导、专家学者等外来听者诉说开展工作的困难之处。从客观方面看，一些低保户多、残疾人多、老年人多的老旧社区在资源的动员和分配等方面确实存在不足之处。因此，对于老旧社区的反贫困社会工作而言，基层社区管理者叙事的问题视角本身具有复杂性，需要研究者对其进行严谨分析。一方面，问题叙事本身是基层社区管理者主体意识和社区地方性知识的集中表现。我们要真正地理解他们，就必须真正尊重他们自身的话语体系；另

① 田毅鹏、常茳：《吴亚琴社区工作法》，社会科学文献出版社，2018，第45页。

一方面,问题叙事本身的一些消极性叙事也是"故意建构"的产物,而非其真实心态的体现。

鉴于此,20 世纪 80 年代发轫于西方心理学科的叙事疗法,有利于我们在问题叙事中重新发现基层社区管理者克服困境时体现出的抗逆力、公共责任感、家国情怀等主体性。因为"人一出生就会进入各种故事,他们的社会和历史不断诱导他们自己叙说或记忆某些事件的故事,而将很多的事件遗忘或没有形成故事。我们可以这样发问,何以形成这样的故事?何以仅仅保留了这样的故事?这个故事是否可以用另外的形式进行叙说?是否遗忘了那些有真正意义或启示作用的故事?……叙事提供一个框架和意义来帮助人们在更为广阔的社会和文化环境关系中理解自己的角色,个体的自我或认同在这样的背景中得以发展"。① 叙事疗法是澳大利亚心理学家迈克尔·怀特(Michael White)和新西兰心理学家大卫·艾普森(David Epston)开创的一种新型心理治疗方法。此法强调治疗师和案主一起重新挖掘自我能动性和自我意象,以规避宏观话语权力的压制。这种创新不仅发展出一种后现代主义的心理疗法,还成为一种弱化权力化精英叙事、激活普通人自我优势的新范式。正如怀特自身对叙事疗法的认识,"对我而言,文本类比是说明人照着特殊问题组织生活的第二种描述方法。通过这种类比的镜头,这样的组织可以被视为反映了特殊故事或叙事的'读者'和'作者'之间的互动。问题的生涯或生活风格成了问题的故事。这种描述打开了探索领域(包括探索产生赋予故事感文本的机制),也鼓励了我,使我提出'富有故事优点的

① 何雪松:《叙事治疗:社会工作实践的新范式》,《华东理工大学学报(社会科学版)》2006 年第 3 期。

治疗法'"。因此,我们借助叙事疗法也能重新发现低收入老旧社区管理者问题视角背后的治理智慧①,这对推进反贫困社会工作具有重大意义。

首先,强调优势视角的叙事治疗有利于社会工作者总结提炼社区管理者克服治理困难的抗逆力经验。传统的社会工作实践在前提上将来访的案主视为人格、情绪、行为失调的人,介入实践聚焦于来访者的身心困境。而叙事疗法则促使社会工作者揭开消极的标签,发现案主积极正向的人格、情绪和行为等被忽视的优势。因此,我们要正视低收入社区管理者的"问题叙事",同时也要发现被其本人所忽略的"克服问题"的经验。叙事治疗促进社工直接将平时碎片化"克服问题"的经验进行归类化和序列化处理,形成结构化的反贫困叙事话语体系。

其次,一起互动的叙事过程促进了低收入社区管理者恢复自信心和价值感。传统社会工作单方面的介入路径易造成两类极端状态:一是完全由专家占据主动权,直接分析案主的问题,并提出解决方案;二是案主尽管占据主动权,但是其主动诉说的全是自身消极的认知和行为。而叙事疗法强调社会工作者是案主生活叙事的参与者,走进案主的记忆和生活世界,激活案主积极的优势来共同面对和解决贫困问题。正如一个形象的比喻,"治疗师不是家长请来'修理'孩子的'多动症'的,而是和家长、孩子一起探讨如何面对'小调皮'的。而且,此处的'小调皮'不是指孩子,而是对他们所抱怨的问题的拟人化称谓。这样一来就可以避免传统的治疗关系容易造成的对立情绪,避免心理治疗的误区"。② 因此,社会工作者总结和收集社区管理者的

① Michael White and David Epston:《故事、知识、权力:叙事治疗的力量》,廖世德译,华东理工大学出版社,2013,第5页。
② 李明:《叙事心理治疗》,商务印书馆,2016,第4页。

治理经验时，同样要如同面对“小调皮”一样灵活处理，不能像“录音机”一样照单全收访谈的内容。社会工作者在实际的对话中也并非只说好话的“扩音机”，而是和社区管理者一起面对和讨论贫困治理中的苦与甜，一起客观看待贫困治理过程中社区管理者客观的感受。特别是将低收入社区管理者如何“苦中作乐”地坚持下来作为社会工作者的关注点，有利于促进他们重拾自信心。更为重要的是，社会工作者让低收入社区管理者重新认识贫困社区的文化价值。同时，社会工作者在一起参与的过程中也站在第三方和社会大众的角度，运用资源链接、社区倡导等方式，认同低收入社区管理者的职业价值和社会意义。

最后，去权力化的叙事效果有利于增强经验总结的完整性和真实性。叙事疗法强调社会工作者不能以专家的角色来压制案主故事的丰富性，应以“同行者”的身份一同与案主走进原本属于案主自身的真实而广阔的生活世界。因此，社会工作者采用叙事疗法介入低收入社区管理者时，不能“无中生有”编造优秀经验，而是尽量减少来自上级、记者、学者等外在的专业权威对于叙事者自身的影响和干扰。叙事视角下的反贫困社会工作要真实地体现低收入社区管理者认知中消极因素和积极因素的互动作用，最终达成一种动态平衡的认知性结构。

二、叙事疗法介入的个案介绍

笔者所在团队受到田毅鹏教授团队总结的单位社区“吴亚琴工作法”的启发，将低收入社区管理者的治理叙事作为重要的研究和介入内容。笔者团队聚焦于低收入贫困社区的管理者，采用叙事疗法的介入技巧，将其问题视角的叙事内容系统科学地进行整理和分析。目的在于，社会工作者能够客观看待贫困社区治理过程中社区管理者的消极和积极的认知与行为，最终完整再现低收入老旧社区的反贫困过程。

我们选取的个案介入对象是长春市重点改造棚户区的社区居委会M书记。她出生于1948年，作为知青返城后在一家企业当临时工。1983年，她被调入国有企业长春市文具厂，担任车间主任，具有14年的国有企业基层管理经验。1997年，企业倒闭导致她下岗，后在批发市场从事了1年服装个体经营。1998年，长春市政府大力推行社区建设，将以前的居委会进行合并，并划分新的社区管辖范围。新的社区居委会急需管理人员，便向社会进行招聘——原国企管理干部优先。她通过考核成为新合并社区居委会的书记，一直工作到2016年。其间她经历了非典抗疫、棚户区拆迁改造、社区回迁重建等社区抗风险的过程，拥有将近20年的低收入老旧社区反贫困经验。因此，我们在叙事介入过程中也将“历史因素”考虑其中，特别是将M书记在国企单位期间积累的“国企基层管理经验”作为重点叙事内容。这些内容引导并促使我们在历史变迁的“变”与“不变”中，完整勾勒出低收入老旧社区的反贫困治理叙事。但是，刚开始，对于这样一个从外在看来经验丰富的社区书记，她的话语几乎都是关于社区的各种问题，大致有三个方面：

第一，对社区的消极定位。对于社区的属性，M书记常将“三多社区”挂在嘴边，即低保户多、老年人多、残疾人多。后来她又补充了流动人口多、刑满释放人员多，最后总结为“贫困人口集中居住地”“城市的边缘地带”。她在回忆社区的历史时，也将其定位成“三教九流之地”。原话为“民国时期这地方就是人力车夫、搬运工等三教九流集中的贫民区”。①

第二，对特定居民群体的消极定位。“老年人多”是M书记说到社区工作重点和难点时强调最多的一个表述。她认为，老年人多的原因在于改革开放前该社区大力发展街道经济，集聚了50多家中小国有企业和集体企业。20世纪70年代以后，国有企业及其厂办大集体企业大量招工，将周边的居民、国企职工家属、回城知识青年等群体吸纳进来。当年大量招工进厂的青年工人，如今已进入老年期，这正是社区老龄化程度较高的原因。除年龄外，M书记主要强调这些老人是中小企业的工人，工厂对他们的学历要求不高。他们入厂时的学历较低，素质较差，难以被组织动员。此外，在谈及社区老年人怎样应对下岗危机时，M书记再次强调低学历和低能力使其难有较强的抵御社会变革的能力。其原话为“真正能跟上改革大潮的几乎没有几个，大部分都是没有学历、没有技术、没有能力”。② 可见，居民失能在M书记看来是该社区持续贫困的根本原因。

第三，对社区管理者新老交替的消极认识。对于如今已经退休多年的M书记来说，她仍然经常关心社区事务。用她的话来说就是“除了留念社区之外，主要还是放心不下社区年轻干部。现在的社区居委会做得还不够，距离上级要求相差较远。他们虽然努力工作，但是与老一代相比作风不够扎实”。③ 质言之，M书记既表示出从原有岗位退下来的失落，又有担心年轻管理者能力不足的消极情绪。

总之，M书记对于贯穿于其大半生生活和工作的社区而言，表现出来的

① 2018年5月25日访谈记录。
② 同上。
③ 2018年6月15日访谈记录。

大体是消极的认知。从时间的纵向维度来看，她将“民国时期三教九流贫民区”的定位沿用至今，表现出一种难以摆脱命运的无奈和宿命感。同时，她对于老一代的奋斗生活是肯定的认识，但对于新一代社区管理者的治理行为则是带有些许偏见和焦虑的消极认知。对此，社会工作者不能简单作“好与坏”的价值判断，而是要借助科学方法，去挖掘消极叙事背后的社会结构与个体之间的互动关系。社会结构约束个体行为，但个体也可以在与结构性因素的动态互动中充分发挥主体智慧。因此，我们在充分尊重M书记原有的问题叙事的基础上，尝试运用叙事疗法的积极认知框架与其再次进行一系列谈话，引导其一步步客观分析自己对于社区和群体的认识，外化消极认知，挖掘话语中存在的积极性隐喻，提炼出一些原属于其自己的正向的治理经验，从而改写和重塑问题叙事。

第四节　一起写经验：叙事疗法框架中的介入过程

如前所述，社区老书记表达出来的多为问题叙事。实际上，问题叙事背后往往是一种在人生经历和社区管理经验后面蕴藏着的丰富的叙事结构。其中不乏积极的人生态度和职业观，以及积极的社区管理经验等正向叙事。但是，这些绝不是显而易见的，而是需要社会工作者采用叙事疗法进行深入挖掘，并大致遵循外化对话、改写对话、回溯对话、界定仪式、重视例外事件等步骤，目的在于使社会工作者能够整理、分析社区客观优势以及老书记的社区贫困治理经验等内容。值得注意的是，这实际上是社会工作者帮助老书记拓展思路进行积极回忆的过程。回忆的是真实的内容，只不过被其本人的惯有思维“筛掉”而已。因此，这一过程可被称为“一起写经验”的建构过程。

一、外化对话阶段

外化对话是叙事疗法的第一阶段。大部分人喜欢将消极结果进行内部归因，将问题归因于自身或他人内在的认知或行为问题。叙事疗法的第一步是将问题的客观因素和主观因素分开。“外化对话的技术可以通过把问题对象化而改变这种内化的理解。把问题对象化，而不是像文化实践中那样把人进行对象化。外化对话能让人们体验到自己不是问题。问题本身才是问题，人不是问题。”①“不是自己的错，不要自己扛”，这句话正是外化对话的真实写照。其中，将问题外化的关键内容是社会工作者发现说话者的积极的“隐喻”。隐喻本身是人们创造的特殊词语，是叙述者对生活的认同的特殊理解。在笔者团队对 M 书记的外化对话过程中，最具代表性的是她将社区老人称为“社会功臣”的隐喻。在对话刚开始时，M 书记将社区定义为低保户多、老年人多、残疾人多的“三多社区”。“老年人多”是社区陷入贫困的主要原因，特别是他们的受教育程度和整体素质较低。于是我们尝试“外化”，促使 M 书记将老年人的内在属性与社区贫困衰败的客观属性分开认识。社会工作者引导 M 书记想一想，那些曾经是工厂工人的社区老年人是否对社会有贡献时，M 书记不经意间说出了一个“社会功臣”的隐喻，随即她

① 迈克尔·怀特：《叙事疗法实践地图》，李明、曹杏娥、党静雯译，重庆大学出版社，2019，第 1 页。

打开了话匣子，大致围绕两个方面诠释"社区老年人是社会功臣"的说法，详见图 3-1。

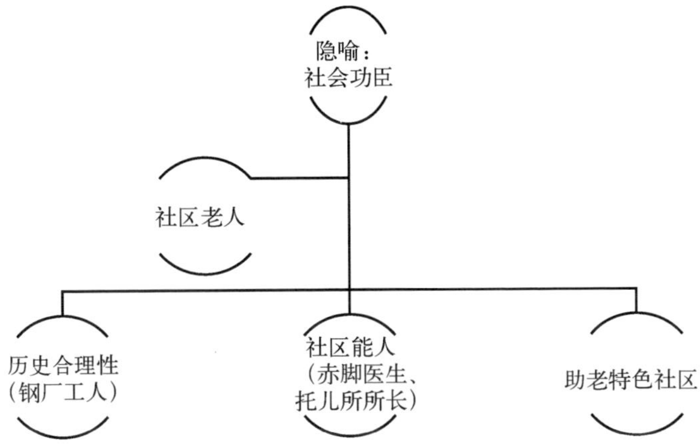

图 3-1　外化对话流程图

从老年人自身的属性和能力来看，其自身具有历史合理性。M 书记回忆道，现今社区里的老年居民多为计划经济时期的国企和集体企业工人。政府在长春解放后于现今社区范围内选址建立了长春市钢铁总厂，后以钢厂为中心，逐渐配套建立了若干个集体工厂。钢厂招募的大量青壮年被就近安置在周边的职工宿舍区，这些工人为城市工业化作出了重要贡献。如今该社区的老年居民大部分为当时的钢厂工人及其家属。钢厂同时也培养了很多国企管理干部，后期这些干部下岗后又进入社区居委会从事基层社会治理工作。M 书记肯定了这些老年居民的历史作用。当社会工作者问及这些老年人具体有哪些积极的行动时，她列举了一些社区能人。例如，有一位退休人员自己成立了托儿所，为社区解决儿童照顾问题发挥了重要作用。另一位老年居民虽然不是钢厂工人，但在搬到此地之前曾经是农村赤脚医生，懂中医，坚持义务为社区老人看病送药。老书记强调这些老者是曾经的“功臣”。她主管社区居委会时，还将老年服务作为社区特色，其社区于2004年被区政府评为“助老特色社区”。我们紧接着让其罗列围绕这一品牌采取的措施和活动。她总结如下：一是社区居委会建立老年人档案，内容涉及工作信息、退休金信息、困难原因等。二是社区居委会组织老年人成立了秧歌队、合唱队等文娱组织。三是2010年社区居委会集中为社区集体企业下岗工人办理退休手续，社区老年人为此提升了对居委会的认同感。老人们认为，社区是一个大家庭，他们感受到了集体的温暖。四是社区居委会平时组织老年人开展各类户外活动。例如，居委会在建党节组织退休党员庆祝党的生日，制作活动录像分发给退休党员，极大增强了退休党员的归属感和认同感。

以上正向的说法均来自M书记自己创造的“社会功臣”隐喻，一般而言，消极认知的人对于给自己带来困扰的人，一般采用的是对抗性的“隐喻”，比如“负担”“绊脚石”，甚至“敌人”等说法。但令人意想不到的是，M书记用了一个具有特殊意义的“功臣”一词来积极定位社区内的老年居民。功臣一般是指对社会有特殊和突出贡献的人。该词反过来说明，她将老年人作为社区贫困根源的叙事背后，不是针对居民本身，而是一种情绪压力的发泄性话语。因此，正向隐喻的背后蕴藏着一种案主自身认知的优势视角，这种视角不是被人强加的被动认知，而是一种潜在的积极体验。对于M书记而言，这种积极体验也是对她自1998年以来作为社区居委会书记主持社区工作的一种回顾和肯定。毕竟，她对社区工作的完全否定，也等同于完全否定自己下岗后再就业的合理性。因此，她在赞扬社区老年人作出积极贡献的同时，也将叙事重点转向对于助老特色社区的正向叙述。至少在叙事介入的第一阶段，社会工作者逐渐将社区贫困的事实与社区居民自身素质进行了剥离和外化，从而在下一阶段引导老书记深入梳理自己积极的管理经验和价值观。

二、改写对话阶段

如前所述，社会工作者对 M 书记进行问题外化之后，逐渐打开了其主动思考自身工作价值的叙事通道，拓展了其叙述的范围，进入了改写对话的阶段。"改写对话要求来访者继续扩展他们生活中的故事，重新讲述这些故事，同时咨询师还会帮助来访者察觉那些曾经被忽视，却又非常有意义的事件和经历。这些事件和经历被看作'特殊事件'或是'例外'"。[①] 社会工作者接着在外化对话阶段提及"助老特色社区"话题，继续往下深挖老书记打造助老社区品牌的契机。她反复提及下岗工人自办社区老年公寓的事迹，这是该社区居民下岗后懒惰不积极就业之"例外事件"。M 书记在以前的谈话中曾指出，该社区的居民没有魄力和能力，下岗后难以适应改革。但是在社会工作者的引导下，她说出了与评价相反的例外事件，反复提及下岗女工开办社区老年公寓的事例。下岗女工高某自筹资金在社区租房建立了小型养老公寓，她还无条件安排癌症老人和服刑人员老年家属养老。后来她的事迹受到省、市、区、街道办事处各级政府的高度重视。高某也被区政府评为"巾帼女强人"，所在社区被评为"老龄工作达标社区"，成为敬老院、社区、卫

① 迈克尔·怀特：《叙事疗法实践地图》，李明、曹杏娥、党静雯译，重庆大学出版社，2019，第 49 页。

生院三位一体的特色社区。M书记对此也给出了一个新的评价："社区居民面对下岗浪潮仍然有'胆识'，积极尝试各种行业，也有创业成功后回馈社会的。"这种评价显然是社会工作者引导其诉说例外事件产生的积极效果。

例外事件是改写对话的起点，"咨询师通过提问题，鼓励来访者回顾他们的生活经历，开阔来访者的思维，锻炼其想象力，让来访者重新讲述一条新故事线（期望故事），发展故事情节，赋予这些生活经历更多的意义"。① 在上一阶段中，下岗女工建立敬老院的"例外事件"，成功开拓了M书记善于管理老旧社区的新故事线。社会工作者随即将"社区善治"这条故事线与其在国企做过车间主任的经历联系在一起，试图厘清社区的客观治理成就与老书记自身的国企管理经验之间的内在联系，以发展更多的故事情节，赋予社区书记老旧社区管理经历更多的历史意义。事实上，老书记曾经是国有企业车间主任的经历鲜为人知，就连她自己也很少提及这段长达16年的国企经历。她在1981年进入国营长春市文具厂，1986年担任圆珠笔车间主任，直到1997年文具厂破产下岗。因此，"国企"加"社区"的叙事路线，能够引导社会工作者和研究者发挥历史的想象力，进一步思考社会转型中"变"与"不变"的辩证关系。而普通的社区管理者背后的主观能动性，则是促使基层社区平衡这对辩证关系的内生动力。具体体现在以下几个方面：

第一，单位管理经验的特殊意义。2000年前后，面对复杂而多元化的基层居民需求，刚刚起步的社区建设需要精英的参与。原国企单位管理者在一定程度上具有天然的治理优势，符合时代的要求，易被动员到社区治理体

① 迈克尔·怀特：《叙事疗法实践地图》，李明、曹杏娥、党静雯译，重庆大学出版社，2019，第49—50页。

系中。因此，社工引导 M 书记思考自身的社区管理经验和国企经历之间存在哪些关联。刚开始，她比较惊讶，自述其从来没想过将自身的国企经历和社区管理经验联系在一起。但她沉思片刻之后，便点头说国企经历确实发挥了很大作用。她说道："1966 年高中毕业后，我作为知青响应国家号召到农村接受贫下中农再教育，1980 年返城后被分配到长春市住宅公司当临时工。1981 年，我被调至长春市国营文具厂，一直到退休。1981 年 6 月 13 日，我加入中国共产党。我在厂期间担任圆珠笔车间党支部委员、工会组长，后任车间主任。1998 年 10 月下岗后，我到社区去应聘，领导一听我是国企干部，还是党员，很愿意要我这样背景的人。同年的李某是洗衣机厂的，张某是铁锹厂行政科的，也都在单位的工会、行政部门有职务。单位人与农村人还是不一样的。比如上面的政策下发之后，我们看完可以理解透。"①老书记在谈话中反复强调，有着国企干部经历的社区管理人员不同于 20 世纪 60 年代农民出身的老居委会干部。原因不是她蔑视农民，更主要的是她强调了国企管理经验所具有的系统性和科学性。这一认识为社会工作者下一步系统整理 M 书记的国企管理经验奠定了基础，同时为其特殊的国企管理经验赋予了正向意义，提升了其自信心，也帮助其本人从新的角度重新审视老旧社区的治理之道。

第二，"人民内部矛盾化解法"的延续性。总体而言，基层社区处于社会大转型的宏观背景下，各种利益纠纷和矛盾层出不穷，但是基本上被社区居委会控制在"最小范围内"。经过与 M 书记的谈话后，我们得知其"绝活"来源于国企车间的"人民内部矛盾化解法"。车间是国企的最小管理单位，技

① 2019 年 5 月 23 日访谈资料。

术和人际关系等方面形成的摩擦与纠纷也频繁发生。以车间主任为代表的国企基层管理干部有其应对之道。一方面,“人民内部矛盾”是对矛盾的特殊认知,这一关键概念是引导M书记试图化解社区居民矛盾时首先就明确提出来的概念。在被问及是否将人民内部矛盾的理念用于处理车间矛盾时,她也很爽快地给出了肯定回答。她说:“在做车间主任之前,我是车间工会书记,工会工作就是做人的工作。工会是工人之家。工人与工人之间的矛盾是个人矛盾,属于人民内部矛盾,通过互相谈心,很多矛盾都能被化解。”[①]另一方面,平等和尊重是解决矛盾的基础。M书记紧接着说:“无论是工人还是社区居民,调解矛盾必须让对方懂得人与人之间要互相尊重,只有这样才能有理有据地化解矛盾,让两人心服口服地和好如初。想要做好工作,必须以理服人,让他对你信服,他可以做你的宣传员。如果工作方法不对,就只能激化矛盾。所以无论是在企业还是在社区里工作,人与人之间要互相信任,互相帮助。”[②]在谈及具体解决矛盾的方法时,她认为人民内部矛盾可以通过协调进行化解,尽量不采取拘留等过激方法。这些在国企工作积累的“矛盾观”在社区治理过程中体现为平等的沟通和协调,避免过激的斗争,减少了失范行为。总之,“人民内部矛盾”是一套社会主义国家独特的集体主义伦理话语体系。劳动者分工协作使工厂有一种很强的凝聚力,成员也有一种强烈的集体主义精神。他们认为劳动人民内部的矛盾是区别于敌我矛盾的非对抗性社会关系。关于矛盾的解决方法,人们也按照我们党提出的解决人民内部矛盾的“团结—批评—团结”的方针进行,即从团结

① 2019年5月23日访谈资料。
② 同上。

的愿望出发，经过必要的批评分清是非，使矛盾得以解决，从而在新的基础上达到新的团结，维护安定团结的政治局面。

第三，“基层走访入户法”的深入性。除了横向处理人民内部矛盾外，在纵深方面，国企也有着深厚的“下车间，走基层”的传统。于是，社会工作者试图从纵深角度引导 M 书记开启新的叙事空间。她提到，在车间时需要经常和工人谈心，让工人说出自己的需要和心里话。只要和群众打成一片，在管理上就能使群众心服口服，提升管理干部的公信力和号召力。她在 1998 年刚从事社区管理工作时，虽然具体工作不同于车间，但仍然按照走访基层车间的思路做了一些工作。一是走访辖区党员，让党员协助社区管理工作；二是走访派出所户籍员，了解群众基本信息；三是走访辖区内效益好的企业，以争取支持；四是走访居民小组组长和支持社区工作的积极分子；五是入户走访居民，了解每户居民的基本情况。可见，“深入车间”积累的沟通经验在她进入社区工作后仍然被保留下来。单位制时期，车间主任虽然担任领导工作，但仍然和普通劳动者一起参加生产。这种深入群众、共同生产的经历，促使基层车间的政治思想工作和管理工作更加容易开展。同理，当年这些基层车间管理者扮演了社区管理者的新角色之后，在面对社区人员流动性增强、矛盾增多的新情况时，车间经验就成为其治理智慧之源。M 书记多次提及自己是“活电脑”，对辖区内的居民和特殊群体的情况都非常了解。这都得益于她长期走访基层形成的经验。尤其是在她面对低保工作的时候，入户走访的形式帮助其识别真正需要帮助的群体，有效抵制了一些钻空子行为，也使真正需要帮助的弱势群体得到帮扶。另外，家庭成员和工作的变化等情况也是低保管理的主要内容。社区管理者的入户经验实际上也起到了低保动态监测的作用。

第四,车间“争先进”传统的社区传承。“争先进”是国企单位党组织凝聚思想的手段,有效实现了企业基层组织结构的政治整合。党委宣传部定期组织工人学习讨论劳动模范的先进事迹,形塑了企业职工的无私奉献、积极要强的心理认知。单位人在潜移默化中形成了“爱厂爱家”的思想观念和集体文化,“争先进”因而也成为一种无私为工厂大家庭作贡献的意识和行为,增强了工人对工厂的情感依赖,提高了工人的劳动积极性。因此,社会工作者从价值观方面引导老书记回忆国企时期集体主义的认同感和价值观。她认为,集体主义荣誉感和认同感来自当时企业平时频繁开展的党建活动:“我们那时候车间有‘三会一课’,每个星期三都安排了政治学习,上党员政治课。上面下来的文件、《人民日报》的社论之类都是必须学习的内容,爱国、英雄人物、党代会的会议精神等与生产没有关系的内容也要学习。党员和预备党员要先读文件,然后谈自己的感想,都是认真地在检讨自己。通过党建学习,大家深受鼓舞,都要求上进,即使加班没有加班费,也没有怨言。那时候的人以厂为家,大家积极工作,都很热爱自己的工作。到月开支,有奖金。虽然工资低,但生活很丰富,工会给职工发福利,组织集体活动,大家作为国企职工真的很荣幸。”[①]除了集体学习,单位还经常举办一些技能竞赛和先进评选,这些竞争性的激励活动促使职工代表各自的基层部门,敢于争先,积极进取,具有强烈的集体荣誉感。最后,M书记提及一个为中南海生产圆珠笔纪念品的特殊经历,这令她至今“引以为傲”。1987年,北京中南海旅游景点售卖金陵十三钗圆珠笔纪念品。长春市文具厂接到生产

① 2019年5月23日访谈资料。

任务后，M书记所在的圆珠笔车间负责组装。当时任务量非常大，要强的M书记和领导打赌说，如果车间的20多人能提前完成任务，单位就组织大家去北京旅游。结果大家竟然提前10天完成了，平均一天组装几千支笔，最后大家如愿去了北京，还看到了自己生产的笔，感到非常自豪。而后，这些具有单位"烙印"的集体精神和荣誉感对M书记后来的社区工作影响颇深。她在车间工作时还曾被评为先进工作者，登上了光荣榜。单位通过授予一些荣誉称号提升了职工的劳动热情和单位认同感，而这些劳动模范和先进工作者又凭借不怕辛苦、甘于奉献的精神令其他成员信服。这些价值观念都是国企干部原有工作经验在社区管理工作中可以传承、移植的因素。原国企干部的个人特质形成了基层社区管理者的魅力型权威，在社区工作中强化了"带头人"地位，通过个人的威望动员群众参与到社区活动中。这种"带头争先"的传统强化了社区干部的正面形象和公信力，提升了社区对于社区居民的情感动员能力，最终增强了群众的参与感和社会责任感。

第五，国企学习能力的基础性。在单位社会时期，党和政府的宣传教育工作比较到位，而且很大一部分成员是下乡返城后的知识青年，文化水平相对较高，其学习能力也在定期的思想教育和政治学习中得以加强。"三会一课"的政治学习强化了党员的学习能力。因此，在原国企中培养了扎实学习能力的社区管理者，后来在处理社区工作时表现出有条不紊的工作状态。M书记谈到在国企锻炼出的学习能力时，也提及其在文具厂做车间工人时，曾因为文笔好口才好，在单位发表过文章，多次受到领导夸奖。这些为其进入社区后处理烦琐的文字资料工作打下了坚实基础。此外，她也提及在单位做质检的经历，使其在后来的社区工作中能保持严谨细致和一丝不苟的工作态度。原国企管理者凭借在单位积累的学习能力和细致的行事方式，在处理社区工作时展现出了很强的条理性和逻辑性，面对碎片化的日常管理活动也能做到有章可循。

第六，国企“熟人社会”的资源动员性。在单位制时期，国企也是一个熟人社会，单位人在单位场域内长时间的生活经历和工作经验中积累了良好的社会资源。即使在单位制式微后，单位社会的熟人关系网络也并未完全消解。M书记强调国企是一个熟人社会，并十分强调国企熟人关系对于后来其开展社区工作的重要性。她说道，进入社区工作的初期，社区基础设施不完善，各项工作难以开展。但是社区内国营钢厂的厂长是其同学，表示可以大力支持其社区工作。比如社区保洁员没有清洁车，钢厂免费提供。此外，每年街道办事处向社区下达订报纸的任务，社区居委会向居民收款也存在困难。M书记于是就找钢厂车队、后勤服务公司、集体工厂的熟人完成订报任务。M书记也多次用到“刷脸”一词来强调熟人关系对于社区治理的重要性。共同的生活经历、情感记忆的联结使得社区所在空间范围内的联系都相对紧密。社区管理者通过动员单位群体参与社区活动，将有着共同情感记忆的原单位成员重新组织起来，强化居民之间的联系，然后再带动外来租户积极参与社区活动，以构筑社区的集体意识，最终实现老旧社区的公共性重建。

总之，社会工作者借由一些与下岗职工消极认同截然相反的“特殊例外事件”，引导M书记看到自己治理社区的积极成就，进而开启一个全新的叙事世界，促进其思考自己的社区管理经验与国企管理经验之间的内在联系。这是她过去从未思考过的领域，促使她深入思考国企管理经验的特殊意义。

这些思考从矛盾解决、基层走访、集体荣誉感、学习能力、单位熟人关系等不同的角度，促使她将被自己忽略的国企工作时期的碎片化记忆串联成一个连贯的故事。这一完整的叙事让她留恋单位时期的工作经历，同时也促使她深入总结自己的管理经验，最终形成与以前的消极评价完全不一样的叙事风格。这些思考为她下一步完善和丰富记忆长河中的人物与事件奠定了重要基础。

三、回溯对话阶段

在改写对话阶段引导案主进入新的故事框架之后，就进入了“回溯对话”阶段。这一阶段强调“不是被动地回忆过去，而是有目的地回溯一个人与其生命中的重要人物的关系，回溯这些重要人物与自己当前生活、自我认同的关系，以及对自己将来的影响”。[①] 鉴于此，我们在M书记兴奋地列举出六个方面的国企管理经验在其社区管理中发挥的重要作用之后，紧接着询问其对于以前认为社区下岗职工懒散的态度是否有所改变。此类询问的原因在于，社区管理期间，她面对的社区居民大都是原来国企的基层工人，是熟人社会，而且正是这个熟人社会让她成功地将国企管理经验运用到社区治理中，并且获得了“助老特色社区”的荣誉。这个熟人社会中必定会有深刻影响其价值观和治理经验的人物。因此，在这次询问之后，M书记开始转变以前的消极态度，准确说出了下岗居民中对她影响较大的几位特殊人物。她首先提及的是下岗后自食其力的孟某。此人于2000年从钢厂下岗之

① 迈克尔·怀特：《叙事疗法实践地图》，李明、曹杏娥、党静雯译，重庆大学出版社，2019，第113页。

后，将自己家改造成食杂店，后来又自学理发，最后开浴池。老书记用“有胆识”一词形容孟某自我创业的冲劲和韧劲。她解释说，有胆识是指孟某面对各种陌生行业，无论是创业成功或失败，都能够亲身体验和勇敢尝试。紧接着M书记反复强调令她印象最深、最为佩服的人就是前面对话中曾提及的开老年公寓的下岗女工高某。M书记认为她“敢于”自主创业，能看到老龄化社会养老产业的大好趋势，后来在街道办事处和社区居委会的协调下，筹建了社区敬老院。该敬老院建立初期，很多人对敬老院不太了解，经过多方面宣传，敬老院入住人数逐渐增加，后来发展到副省长也来参观并看望老同志。其中，M书记谈到最让她佩服的就是高某“无私奉献”的服务精神。她说，高某每次都会亲自开车去接想来入住的人员。一个典型的案例是老社区主任刘某的爱人因工伤去世，她本人无人照顾，后来高某无条件将刘主任免费安排到敬老院入住。还有一个令人印象深刻的案例。社区居民于某，两个儿子都在服刑，本人生活不能自理，M书记给高某打电话谈及是否能照顾老人直到其儿子服刑结束。此时她用“一名共产党员无私奉献的情怀”来描述高某答应并坚持照顾于某的行为。此外，高某还称呼敬老院里的老人为“老爹老妈”，对他们关怀备至，同时根据老人的爱好成立了棋牌室、秧歌队、合唱队。社区的老党员每逢节假日也都和老年人一起搞活动。最后敬老院的功能从照顾老年人扩大到老年康复和公共活动，因此该社区被区政府评为“敬老院、社区居委会、社区卫生院”三位一体社区。后来敬老院影响扩大了，就连外省市的老年人也慕名入住。可见，我们在回溯阶段逐渐修正了M书记对于社区居民“素质差”“懒散”的认识，认为正是在居民自身的自救和创业行为的配合之下，才能顺利开展各项社会救助以及特色社区的打造工作。M书记通过回溯重要人物对社区治理的具体影响，将普通的居民个体的主体性和抗逆性与其价值观重新建立了联系。换言之，社区治理创新仅靠社区管理者自身在国企积累的管理经验是不够的，还要在下岗居民创业和社会服务行为的影响和互动之下才能形成。在此背景下，老社区中普通下岗居民主动回应危机的形象，以及主动积极服务于社区的形象逐渐鲜活起来，并不是"自强不息"等类似话语结构中的抽象模糊的客体。而这些鲜活的各类形象又是出自社区管理者"主动"表达出来的叙事之中，而非"杜撰"所成。因为社区管理者将居民的主体性放到与其主体性的互动中来展现，能让研究者进一步深入挖掘共享共治的具体机制。

四、界定仪式阶段

社会工作者在引导M书记开启新的叙述方向之后，为了夯实前期成果，进入部分认同的"界定仪式"(definitional ceremonies)阶段。其内容是指社会工作者"认可来访者的生活故事，并对故事进行重述……界定仪式让来访者获得一个新的选择机会，他们有权利选择自己的外部见证人，然后在精心挑选出的外部见证人面前讲述、呈现自己的生活故事。这些见证人会根据某种特定的方式进行回应，认可、重述来访者的故事"。[①] 在此过程中，社会工作者成为M书记叙事介入的"外在见证人"。吉林大学团队除了社会工作者的角色之外，对于M书记而言，更多的是代表学术权威的"高校专家"。她曾说过"你们高校老师来向我学习，我也觉得自己是专家了"一类的话，这体

① 迈克尔·怀特：《叙事疗法实践地图》，李明、曹杏娥、党静雯译，重庆大学出版社，2019，第147页。

现出一种“自豪感”。一般而言，基层社区管理者经常面对的是家长里短的琐事和矛盾纠纷，以及上级部门派发的具体任务。因此，当他们突然面对知识分子向其“取经”时，刚开始时会“吃惊”，然后是“不知所措”，最后是一种“自豪感”。“自豪感”体现出他们能在与知识分子的交流中获得“自我价值感”。一般情况下，我们在与基层社区管理者访谈时，他们都很配合，且有很强的倾诉欲，都是口若悬河地提供大量信息。这些信息除“诉苦”之外，还是一种获得权威认可后的积极性表达。界定仪式程序图如图 3－2 所示。

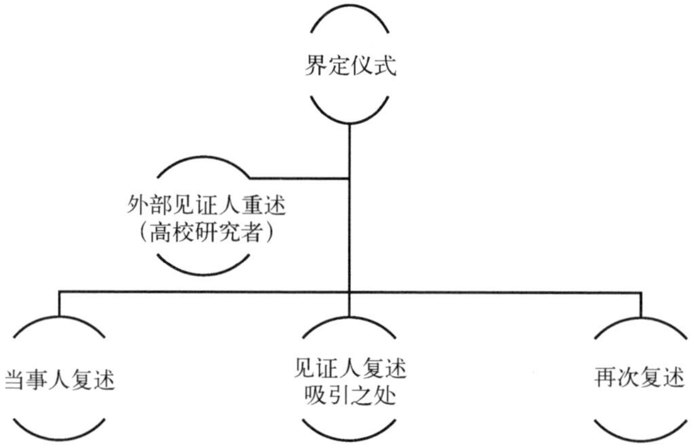

图 3－2　界定仪式程序图

社会工作者在此“积极性表达”的基础上，另外还邀请了一位做实践伦理学研究的吉林大学哲学系教授，共同完成了针对 M 书记的界定仪式。

首先，外部见证人选定和当事人复述。社会工作者邀请伦理学教授的原因在于，她之前关注国企劳动伦理的形成与变化，能洞察老书记叙事背后的单位社会伦理的本质和内在逻辑。但是，社会工作者在之前也与伦理学教授作了一些伦理约定，即教授对 M 书记所表述的内容不作价值判断，不提建议，在复述时不用抽象的专业词语，不用指导性和强加性语气。我们随即在伦理学教授在场的情况下，引导 M 书记复述关于自己国企和社区管理经历的看法。她复述道：

我们这一代人是与共和国同时成长的，所受的教育和生活条件与旧社会那一代不一样。我们上班进国企是很荣幸的。国企职工的待遇好，工资高。国企职工都是奉献型的，工作时加班加点从不计报酬。尤其是党员干部，都能尽职尽责，起到模范带头作用。作为一名党员，我在车间干活儿，要走在前面，脏活累活抢着干。虽然单位人与社会人的概念不同，但同志情分到什么时候都是一种亲情。我觉得作为一名社区书记，更多的是一份责任。我当了社区书记，就应该关心企业下岗职工的生活和就业状况。我这样做也是出于人文关怀。①

我们从 M 书记的这段论述中可以看出，通过几次的外化对话和改写对话介入之后，其“问题叙事”的倾向逐渐被积极的正向论述所替代。这背后隐藏着一个因果关系。工作责任感具有一种连续性，尽管单位的具体空间和制度情境发生了变化，但对于同样曾经是单位人的社区下岗居民而言，他们仍然遵循单位的人情伦理来处理各项复杂的社区事宜。因此，M 书记最后强调“人文关怀”这个词，充分体现了强调关怀基层和熟人伦理的单位温情主义在社区治理中仍然发挥着积极作用。

其次，外部见证人进行复述和评价。在 M 书记结束总结性的复述之后，伦理学教授开始叙述自己的感受。她谈到 M 书记叙述内容中令她印象最深的地方是其工作极其细致。特别是“上面千条线，下面一根针”的比喻，十分形象地体现出基层社区工作的复杂性。教授的另一个印象深刻之处是 M 书

① 2019 年 7 月 5 日访谈资料。

记表现出的“甘愿做18年基层管理工作”的持续行为。伦理学教授的第一感觉是基层社区管理者的真实生活完全颠覆了她以前的认知。她一直认为基层社区主任或书记是公务员或者事业编制，但听完M书记叙述之后，对其“非体制身份”非常吃惊，同时也感慨于基层社区管理者的不容易和伟大，特别是他们要付出大量精力来应对庞杂而又精细化的管理任务，同时还要“坚持做下去”。伦理学教授进而从伦理学的角度提出一个问题：为什么基层社区管理者工资低，又不是“体制内身份”，却可以坚持做下去？到底是什么伦理价值支撑着他们？面对伦理学教授的疑问，M书记用“良心活”这个关键词作出回应。她说做基层社区工作就是良心活。社区工作者不会因为工资低就要放弃。特别是面对曾经都是国企单位职工的下岗居民，她总觉得为他们服务是尽自己的本分。她强调，至今依然十分留恋国企时期的生活：

大家在一起相处愉快，积极上进，工作上你追我赶，这就是国企职工的风范。当了社区主任之后，我应该继续保持这种“风范”。再加上社区居民大都是以前的生产线一线职工，很多人缺乏一技之长，无法就业，真的很难。很多下岗职工步入社会后思想很难转变。有时我对他们讲，国家现在政策很好，自己想干啥，只要付出努力就能生活。①

可见，一方面，被老书记称为“国企职工风范”的家国情怀成为她自身坚持为居民服务的价值动力；另一方面，一种朴素的“阶级感情”使其同情同为单位人的下岗居民。这种单位认同意识也是她坚持做基层社区工作的内在动力。通过旁观者的复述和提问，社会工作者更能挖掘出老书记背后作为单位人的自我效能感和公共责任感，有利于促进其进一步认识自己坚持做

① 2019年7月5日访谈资料。

基层工作的合理性和特殊意义。

最后，当事人复述。M书记对伦理学教授的听后感受进行回应之后，反复强调社区管理者应该继续保持单位管理干部的“风范”。我们进而引导其继续追索能够解释这种“风范”的具体事例。她表示，国企时期形成的基层走访经验确实对社区治理发挥了非常重要的作用。她提到，2006年，她作为计生人员入户走访协助派出所破获一起交通肇事案，后来还曾协助派出所户籍员破获一起摩托车盗窃案。基层走访的手段保证了社区内部和谐稳定的环境。另外，她还提及一个案例。社区居民颜某在办理低保时出具的医院诊断是肺结核，谎称孩子在上学，家庭负担过重，最后获得了低保资格。后来有邻居举报，老书记通过入户和调查发现两口子都有劳动能力，两个儿子也都打工有稳定收入，颜某的诊断书是别人代为检查的，于是被停发低保。此类入户调查有效保证了低保制度的公平性。紧接着，她提及帮助残疾人办理低保时，针对有些材料不齐全的残疾人，需要经常走访了解情况、出具证明、协调关系，甚至亲自进行担保。总之，她用协助警察办案和处理低保等事例，进一步强调单位管理干部的风范体现在“基层走访”方法的延续和落实方面。同时，此类方法促使其厘清社区治理思路，拨云见日，重寻初心。

五、重视例外事件

如前所述，在前面的几个叙事介入阶段，M书记的叙事风格已经有了很大改变，她对自己在单位认同和公共责任方面有了全新的认识，一个高大正面的“平凡而伟大”的形象跃然而生。但是似乎又到了另一个极端，叙事好像滑向简单、单薄的一面。因为日常生活世界充满复杂性和不确定性，人的生活叙事和社区叙事不可能是单线发展的，所以社会工作者团队受到怀特重视例外事件的启发，在最后的介入阶段，引导老书记将一些社区治理中的例外事件说出来。在这些例外事件中，老书记可能掺杂了一些私心，也可能用一些非正式的方式解决问题。正如怀特所强调，“探索这种‘不一致’的生活体验，可以打开一扇大门，开启人们新的生活故事”。① 依此思路，老书记回忆的第一个例外事件是对于一些以前单位同事的“私下照顾”。对此她是这样解释的：

退休 20 年了，以前在单位年龄大和身体不好的姐妹都已经离去。现在能保持联系的是以前车间班子和党支部的同志。我们有时候以电话或视频聊天的方式相互问候。姐妹们还是聊在单位时的往事。我在社区工作，单位同志也在我的管辖内，借着工作方便，凡是社区对下岗职工有什么优惠政策，我都会考虑他们，让他们心理平衡。例如，对于困难补助、房屋补助等，尽量给他们一些照顾，让他们享受一下社会的关爱。②

这一事例的“例外”之处在于，老书记提及了对于以往单位同事的“照顾”，与她积极塑造的大公无私形象存在“不一致”。但是在中国文化情境中来看，此类行为并非非黑即白式的简单。这说明基层社区治理具有复杂性，这是社区治理的真实常态。其实，“例外事件”并未抹杀老书记具有的公共责任感，反而促使研究者在超越二元对立的、更为真实的时空中去理解个体的行动逻辑。事实上，不同于直接表达国企管理经验，老书记对于单位同事的“私下照顾”叙事中隐藏了一条暗线，再次彰显出单位性与社区性的内在

① 迈克尔·怀特：《叙事疗法实践地图》，李明、曹杏娥、党静雯译，重庆大学出版社，2019，第 197 页。

② 2019 年 6 月 5 日访谈资料。

关联。她试图借助自己的社区居委会书记的身份，从“社区居委会作为另一个集体”的角度，来缓解下岗职工在“单位人”转向“社区人”过程中的不适应和焦虑感，可谓一种提升社区抗逆力的特殊做法。鉴于此，我们在回应“例外事件”之后，并未作出是非曲直的价值判断，而是表示产生共鸣和理解。社会工作者当场说出自己的理解：尽管个人力量微弱，但是我们能理解老书记不是出于个人，而是站在社区的角度上，尽量让下岗职工感受到集体温暖，以提升他们应对逆境的抗逆力。老书记听后也表示同意。她表示，自己不是真的自私，确实是为了让单位人的角色顺利转换为社区人。为此，她又列举了更多的例外事件。特别是在低保管理工作方面，经常出现一些看似不讲原则，但又合情合理的“例外事件”。

居民周某，他和妻子都有病。他几次申报低保，但由于材料不全，审议都没有通过。他爱人几次到社区闹，后来闹得实在没有办法了，我通过妹妹找他弟弟了解了情况。他儿子被劳动教养了三年。像这种情况，只要出示他儿子教养所的证明就符合申报条件。但他们爱面子不说实情，到社区闹了好几次，最后一次和低保专干吵起来了。我和他交谈后，把事实点开了，他无话可说。我去派出所帮助查找他儿子的具体材料，最后办下了低保。①

低保户王某的爱人扔下才一岁的孩子离家出走。王某有尿毒症，一岁时父亲病故，母亲未再嫁，抚养他结婚生子。他申报低保几经周折。因为爱人离家出走，没有离婚手续，不符合条件，但是王某又要做透析，生活实在困难，最后我做担保把他的低保办下来了。②

① 2019 年 6 月 5 日访谈资料。
② 同上。

低保是个良心活。酒厂杨某谎报低保被我戳穿后，把行李搬到我的办公室里，要在社区吃住。为了工作的顺利开展，他的行李被我扔出办公室。这样的气焰压下去了，再来的人也会考虑一下后果。以后基本上没人再敢这么做，也使得大家都认真维护低保政策。①

以上前两个案例体现出低保管理的复杂性和精准性。低保管理除了"以材料为准"的原则之外，各类复杂问题的顺利解决得益于社区管理者的基层走访。"走访基层"既可以促使社区管理者验证申请材料的可信度，又可以充分考虑申请者的权益，灵活调整策略。老书记在走访后补充周某儿子被劳动教养的信息，以及担保王某的例子都充分体现了这一点，也体现出老书记公正办理的公共责任感。正如她所强调的"良心活"一样，有些低保工作不完全按"材料"办理，并不等于工作人员任人唯亲，不按原则办事，为少数人谋利益。而第三个案例中出现"这样的气焰压下去了"的表达，体现出她维护办理低保原则的坚决态度和职业操守。总而言之，社会工作者通过引导 M 书记系统整理被其忽视的例外事件之后，探索的故事越来越有深度，案主自身也能用自己的表述来厘清自己的价值观念。

第五节　结论与讨论

在特定的历史时期，我国形成了"重工轻农""重城轻乡"的不平衡的城乡关系，"在迈向工业化、城市化的进程中，城乡间的交流出现严重的阻滞和中断。在工业主义和城市中心主义占据绝对主导地位的背景下，城乡之间

① 2019 年 6 月 5 日访谈资料。

的交流基本上是单向的”。[1] 不过，值得欣喜的是，自 20 世纪 90 年代以来，农村贫困逐渐被国家重视。在从新农村建设、精准扶贫、脱贫攻坚到乡村振兴的实践过程中，反贫困社会工作往往也积极发挥作用，形成独具特色的“绿耕模式”“巢状市场”等反贫困社会工作模式。相比之下，城市反贫困社会工作似乎尚未形成一个固定的模式，因为城市贫困本身隐藏于单位社会转型背景下的城市基层社区治理话语之中。下岗职工的贫困问题并未完全单独被学者视为贫困问题，而是被纳入城市社区治理困境的话语之中。这样的处理具有合理性。下岗职工的贫困和社会保障实际上只是城市基层社区治理困境的一部分。城市社区治理困境还涉及社区组织建设、社区自治、社区主体共建共治共享等宏大内容。但是从反贫困社会工作的角度来看，城市贫困具有的隐蔽性也同样不能被忽视。城市贫困实际上是一种在单位制度转型背景下产业工人的再适应问题。相对而言，产业工人比农民具有更高的文化素质，因此城市的反贫困政策并非如农村反贫困那样重视对农民的资源分配，而是重新激活工人本身以及工人聚居老旧社区的组织和文化资源。其自身也可谓重建城市贫困社区抗逆力的过程。因此，优势视角对于城市反贫困而言尤为重要。

优势视角是一种将城市单位治理和社区治理有机结合在一起的历史维度。因笔者所在团队长期立足于东北老工业基地社区治理研究，具有单位社会研究的学术传统，故尝试将单位制研究与社会工作进行结合。具体而言，我们借助优势视角，深入挖掘转型背景下低收入老旧贫困社区背后隐藏

① 田毅鹏：《乡村振兴中的城乡交流类型及其限制》，《社会科学战线》2019 年第 11 期。

的单位制传统，最后将其转换为开展反贫困社会工作可资利用的“优势”。此类工作首先需要一个“支点”才能撬动“世界”。我们在与众多低收入老旧社区管理者打交道的基础上，发现大多数社区老书记曾是国有企业中下层管理干部。他们有着丰富的国企基层管理经验。我们随之借由此类群体发掘社区治理中隐藏的单位制度和文化的连续性，但他们对自身的国企经验重视不够，或者“视而不见”，不认为平时的工作方法与国企工作存在联系。他们甚至经常对社区存在消极认知，并伴有“抱怨”的情绪和行为。其自身和社区的优势显然被这种“问题叙事”所遮蔽。鉴于此，我们运用叙事疗法的实践框架，对一个低收入单位社区的老书记进行介入。社会工作团队对其在外化对话、改写对话、回溯对话、界定仪式、重视例外事件等五个阶段进行介入之后，打开了一个新的叙事世界，逐渐将其消极认知转换为积极认知。介入的结果让我们认识到，社区书记都自觉或不自觉地运用其在国企的管理经验，开展资源动员、纠纷解决、低保救助等城市反贫困工作。值得注意的是，这些管理经验并非生搬硬套，而是在社区治理中既有延续又有变通，体现出中国城市社区独特的治理逻辑。因此，“叙事疗法”介入社区管理者的社会工作行动实践也给城市反贫困社会工作带来了重要启示。

文化实践在城市反贫困社会工作中十分重要。城市反贫困社会工作并非社会工作者简单地针对社区进行外在的资源链接，也并非简单地针对社区的老年人或者儿童开展文娱活动，而是一种激活当地社区“本土性知识”的“文化实践”。其本质在于更新一种老旧社区的消极文化，促使包括社区管理者、普通居民、老党员等在内的每一个社区成员，都能认识到其自身丰富的人生意义和价值。对于社会工作者介入的专业性来说，社会工作的优势视角改变了以往被曲解的消极叙事，促使社会工作者重新激活下岗居民积极创业及社区单位文化的优势，以新的叙事视角来看待与社区其他主体的关系。正如李明所强调的，“叙事治疗的目的是使参与者生活意义丰富和心理成长。通过结构性的谈话或活动，治疗过程可以帮助咨询师和来访者看到来访者生活中的‘主流控制的叙事’，在治疗过程中来访者和咨询师开阔视野，重新审视并理解这种‘主流控制的叙事’，从而形成‘重新选择的新颖叙事’，使新的生活可以凸显起来”。① 可见，叙事视角下的反贫困社会工作的文化实践并非让社区主体“编造新故事”，而是促使居民重新发掘被自己隐藏的优势。同时，此类文化实践重视提升居民的个人能力，培养居民积极的人生态度，加强社区融合、人际网络重建等，以提升居民的幸福感，实现人与环境的双向改变。这种内生性动力正是城市反贫困的核心所在。

① 李明：《叙事心理治疗》，商务印书馆，2016，第180页。

第四章　自然灾害应对中的社区抗逆力与反贫困社会工作

自人类产生以来,人与自然关系的调和一直是贯穿人类社会发展史的核心问题之一。或者从某种意义上来讲,我们可以将人类社会发展史视为一部在自然灾害中不断自我修复、自我成长的历史。随着生产力的发展与生产关系的变革,人类逐渐掌握了与自然相互作用的主动性,但也因此给自然造成了极大的负荷。早年的灾害研究多从灾害来源出发,将灾害分为自然灾害与人为灾害两大类。但现代社会中人与自然的联系日益紧密,人与自然的共同作用嵌入了从灾害诱因、灾害发生到灾后救助、灾后重建等各个关键环节中。因此,联合国强调各国之间要加强国际合作,协调一致,尤其是致力于减少发展中国家灾害后的生命财产损失、经济破坏和社会混乱等因灾致贫现象。

第一节　灾害研究中的抗逆力研究及其拓展

随着人类对自然界认知程度的加深，以及社会生产力水平的提高，国内外应灾理念也不断更新，由对灾害的被动受难积极转为主动防治。“抗逆力”这一概念也随着国际灾害研究的发展，经由城市规划、人文地理学、社会政策、社会工作、心理学等多学科的共同研究，越来越成为重要的理论和实践框架。进一步而言，当下全球灾害应对普遍呈现出全面化和综合化取向。尤其是社会工作者介入灾后救助，构建出“生态—社区—个体”多维度、多层面抗逆力培育体系，以应对灾害风险，促进灾后重建。这些已然成为近年来国内外应灾、减灾、防灾的重要环节。

一、国外灾害研究中的抗逆力研究

在全球化的大背景下，各国开始共同探讨抗灾、防灾体系的建构。此类研究关注如何最大限度地减少灾害的不良影响，已成为国际灾害研究的核心所在。2005 年年初，世界减灾大会通过了名为《2005—2015 年兵库行动框架：提高国家和社区的抗灾力》的文件。之后该文件被联合国大会成员国批准生效，作为系统性和战略性蓝图，指导国家和国际提升抗灾能力，减少由于自然致灾因子和人为活动导致的脆弱性和风险。至此，作为抗灾力重要内容的“抗逆力”概念开始成为国际灾害研究中的重要因素。国外早期灾害研究者由于强调灾后恢复，将“抗逆力”一词视为生态学或社会学概念，中国译为恢复力或弹性。联合国国际减灾战略办公室从自然灾害的视角出发，将抗逆力定义为系统、社区或社会抵抗或改变的容量，使其在功能和结构上达到一种可以接受的水平。作为“抗逆力”一词在灾害应对与灾害防治领域的延伸，“灾害抗逆力”(disaster resilience)概念强调在不依靠外界力量的情况下，社区(或某种系统)内部居民在可能的最短时间内应对外界打击和干扰，以及得以恢复的过程。① 在此基础上，联合国国际减灾战略办公室进一步将抗灾能力定义为一种暴露于灾患下的系统、社区或社会，通过保护和恢复重要基本结构和功能等方法，及时有效地抵御、吸收、适应灾害影响和灾后复原的能力。

在早期涉及抗逆力的灾害研究中，研究者往往将抗逆力看作与脆弱性(vulnerability)相对立的重要属性。目前学界通常反对早期研究简单将抗逆力等同于脆弱性研究的观点，强调要在明确区分二者内涵和外延的前提下，对二者的相互作用关系展开讨论。② 目前，关于二者之间的相互关系一般可总结为三类观点：第一，二者此消彼长、相互矛盾。这一观点以福尔克为代表，他认为脆弱性主要表现为研究对象受到破坏的可能性。抗逆力作为研究对象应对灾难或从灾难中恢复的能力，与前者呈现出“你弱我强、你强我弱”的关系状态。③ 第二，二者统一于同一主体。这种观点认为脆弱性与抗

① P. Timmerman, *Vulnerability, Resilience and Collapse of Society: A Review of Models and Possible Climatic Applications* (Toronto: Institute for Environmental Studies, University of Toronto, 1981).

② 朱华桂：《论社区抗逆力的构成要素和指标体系》，《南京大学学报(哲学·人文科学·社会科学)》2013 年第 5 期。

③ Carl Folke, Steve Carpenter and Thomas Elmqvist, et al., “Resilience and Sustainable Development: Building Adaptive Capacity in a World of Transformations,” *A Journal of the Human Environment* 31, no. 5(2002): 437 - 440.

逆力是对同一表征的两种视角的描述。其中，脆弱性主要从负面角度来描述研究对象遭受损害的可能性，而抗逆力则从正面角度来描述研究对象从损害中恢复的能力和过程。第三，双螺旋结构关系。这一观点以巴克尔(Buckle)为代表，他认为二者之间的影响因素不能简单地被视为相反关系，而应当被理解为一种双螺旋结构，即在真实的社区环境中，脆弱性与抗逆力可以呈现出正相关关系，但也有呈现出负相关关系的可能。①

随着灾害研究领域中抗逆力研究的不断深化，许多学者开始试图建构出特定灾害下社区重建与其自身抗逆力之间的规律模型。如布鲁诺(Bruneau)等以地震后受灾贫困社区抗逆力为研究对象，将其定义为“社会单位减轻灾害的能力，包括减轻灾害发生的影响，并开展恢复活动以尽量减少社会破坏，同时也减轻未来地震的影响”。该团队在此基础上进一步探究了地震灾后抗逆力水平的影响因素，即技术(T)、组织(O)、社会(S)和经济(E)四大相互作用的维度，称为“TOSE 维度空间”。与之相对应的则是内固性、储备性、资源动员性、快速性四大属性特征，也被称为“4R 抗逆力框架”。②

此外，抗逆力概念还被引入灾害心理学领域中。佩顿(Paton)等学者采用问卷法，收集并分析了 1995—1996 年新西兰鲁阿佩胡火山爆发过程中受灾社区的抗逆力状况。他从社会心理学的视角出发，将抗逆力定义为“一种

① Philip Buckle, G. Mars and R. S. Smale, “New Approaches to Assessing Vulnerability and Resilience,” *Australian Journal of Emergency Management* 15 (2000): 8 - 15.

② Michel Bruneau, Stephanie E. Chang and Ronald T. Eguchi, et al., “A Framework to Quantitatively Assess and Enhance the Seismic Resilience of Communities,” *Earthquake Spectra* 19, no. 4(2003): 733 - 755.

自我复原、个体能够学会随机应变与成长的活动过程。这一概念涉及一种能力,即在一个更高的心理层次上给予个人的能力和以往的经验”。[①] 由此可见,一个地区面对灾难时的抗击逆境的能力,已然成为国外灾害应对研究的重要环节,也是灾害性事件中脆弱性分析的基础。总体而言,虽有部分文献涉及人为灾害或突发性事件中应急管理部门的组织抗逆力分析等内容,但大多集中于针对不同类型自然灾害的实例研究。加之,研究者的学科背景多元,以定性研究居多,客观量化研究较少,至今尚未形成统一的灾害抗逆力衡量体系,故而在研究方法和评价标准上仍有待进一步发掘和完善。

二、国内灾害应对体系建构和抗逆力理念的产生

中国幅员辽阔,人口众多。复杂的地理气候条件、多元的人文环境及发展中国家的社会现况,使中国成为世界上受灾害影响最大的国家之一。除火山活动导致的灾害外,几乎所有的自然灾害(如水文灾害、地质灾害、森林火灾、生物灾害、海洋灾害等)在我国每年均有发生。统计资料显示,我国目前有70%以上的城市和50%以上的人口正面临来自地质、海洋、气象等灾害性事件的威胁,近七成国土面积中地质结构复杂的高原、山地区域频繁受到滑坡、泥石流等地质灾害的影响。[②]

整体而言,我国自然灾害呈现出灾害类型多、发生频率高、分布地域广泛、受灾人口众多、经济损失大等特征。加之,我国目前尚处于脱贫攻坚成

① D. Paton and D. Johnston, “Disasters and Communities: Vulnerability, Resilience and Preparedness,” *Disaster Prevention and Management* 10, no. 4(2001): 270 - 277.

② 路敏:《我国灾害应急法制之研究》,硕士学位论文,复旦大学,2009。

果的巩固阶段，因灾致贫往往会给受灾居民带来难以愈合的创伤。现代社会中风险无处不在。灾害问题的预防、应对与处置工作，不仅与人民群众的生产生活和生命财产安全息息相关，更关系到中国特色社会主义建设的可持续发展。因此，我国始终对灾害问题高度重视，不断完善国家应急管理机制，结合受灾地区特点，尝试实施多元化抗灾、应灾策略。改革开放以来，我国灾难应对大致分为三大阶段：一是改革开放初期至2003年"非典"之前的单一灾害应对阶段。政府力量是抗灾救援主体。由国家地震局、水利部、林业部等专业防灾减灾机构牵头，针对单一突发性灾难事件展开由上至下的介入工作。时任国务院总理朱镕基在1999年提出"建构集公安、交管、消防、急救、防洪、护林防火、防震、人民防空等政府部门于一体的、统一指挥调度的社会应急联动中心"。[①] 但从整体来看，该时期灾害应对工作在跨部门协调时仍面临着工作量大、重复率高、管理困难等问题，尚未形成统一化的综合应灾机制。二是2003年"非典"时期至2018年的综合应急管理机制的调整阶段。"非典"事件的影响从公共卫生领域蔓延到全国经济、社会、生活等诸多方面，无疑对我国以往"单一化"灾害应对机制敲响了警钟。于是，多部门联合、统一调度和社会资源整合的综合性应急管理机制建设得到国家和民众层面的重视。2005年1月，中国国际减灾委员会正式更名为国家减灾委员会。同年7月，《军队参加抢险救灾条例》开始施行，应急管理工作作为国家公共服务和政府社会管理职能中的重要内容被加以强调。2006年4月，国务院应急管理办公室成立，主要职责是对各类突发性事件进行响应、信息综合与协调，这成为中国综合性应急管理机制初步形成的主要标志。

---

① 王绍玉、冯百侠：《城市灾害应急与管理》，重庆出版社，2005，第108页。

加之2008年5月12日汶川大地震后，国务院制定并实施了我国首个针对地方震后恢复重建的指导方针《汶川地震灾后恢复重建条例》，正式将灾后重建工作纳入法治化体系之中。在此阶段，由中央牵头，各部委及地方政府逐步完善自身在应急事务处置方面的机制安排，形成了“国家统一领导、综合协调、分类管理、分级负责、属地管理为主的应急管理体制”的综合性格局。① 国家在社会服务事业方面的资金投入逐年增加，并在汶川大地震、玉树地震、雅安地震等一系列重特大灾害事件中，积极探索和落实综合应急管理机制，适时调整防灾、减灾及灾后重建方针。但与此同时，在综合性应急管理机制的调整阶段，应灾机制也暴露出“信息报送及数据分析能力欠佳、国家救灾物资储备体系薄弱、地方政府灾害预案流于形式、救灾补助标准低、城乡差别大、基层救灾设备老化、公民应灾减灾意识淡薄”等一系列问题。② 三是2018年4月中华人民共和国应急管理部成立至今，应急管理部旨在以“防范化解重特大安全风险，建立健全公共安全体系，整合优化应急力量和资源，打造统一指挥、专长兼备、反应灵敏、上下联动、平战结合”为目标。至此，科学化的中国特色应急管理体系得以建立。③

在我国救灾机制由单一的救灾机制向整合型应急管理体系转变的过程中，随着国家综合实力的日益强盛，以及国际沟通合作程度的深化，应灾理念也发生了转变。首先，在灾害救助目标上，由以减少灾害事件带来的经济

---

① 闪淳昌：《我国应急管理的形势和对策》，载中国灾害防御协会、第三届(2009)中国突发事件防范与快速处置大会组委会：《中国突发事件防范与快速处置优秀成果选编》，中国灾害防御协会，2009，第4页。

② 黄亚林：《完善自然灾害应急救助体系建设的几点建议》，《中国民政》2013年第7期。

③ 韩颖：《整合公共安全职能　构建应急管理新格局——访中国人民大学国家发展与战略研究院研究员》，《劳动保护》2018年第5期。

损失为主要应灾目标，转变为以“以人为本”为核心，将受灾群众的生命安全及灾后生活质量作为灾害救助工作的第一要务。其次，在灾害救助手段上，由原先单一的物质资源投入转变为多元化救助模式。该模式不仅关注受灾地的物质需求，更聚焦于受灾群众在巨灾后所存在的心理创伤问题，力图从物质和精神两大层面出发，全面综合地协助受灾地区恢复到正常的经济、社会生活状态中。再次，在灾害救助的实施策略上，由短期的单一灾害事件介入转变为强调科学救助的灾害管理，变被动应灾为主动减灾、防灾。最后，在执行主体方面，综合应灾机制实现了由中央政府单一主体向中央调控下地方分级负责、分级管理，社会力量主动支援的多元主体转变。总体而言，新时期中国灾害应急管理工作已然不再是单一目标、单一主体的灾后救援，而是一种在以人为本理念指导下，强调多重目标、多元主体、可持续性的复原性工程。

近 15 年来，伴随着灾害应急管理体系和理念的转变，抗逆力概念框架在国内的灾害学、社会工作和心理学等领域越来越受到重视。尤其是在经历了 2003 年“非典”事件、2008 年汶川特大地震、2020 年新冠疫情等突发性公共灾害事件后，越来越多的学者开始从社会风险管理的角度提倡通过提升个体、家庭和社区层面的抗逆力，以增强抵御突发性灾害事件时的综合复原能力。“抗逆力”在早期灾害研究中多集中于个体心理层面。在面对灾难性事件时，心理咨询师依据不同个体的心理抗逆力的强弱程度与结构特性，注重个体的差异性，进行有针对性的心理应急干预。① 心理抗逆力（又称心理弹性）概念聚焦于个体在遭遇困境后的恢复能力，重点在于灾难性事件的事

① 朱鲲鹏、舒曙光、陈孔祥：《抗逆力视角下青少年挫折心理干预研究——以灾后青少年为例》，《淮北煤炭师范学院学报（哲学社会科学版）》2010 年第 5 期。

后补救。如陈静等以唐山大地震后幸存者心理创伤复原力为主要研究内容，发现影响个体心理的三大因素分别为个体损伤情况、亲属伤亡程度及灾后住房恢复状况。① 也有学者着眼于国家应急管理模式，从强政府、强社会互动的宏观视角出发，强调灾难发生时，通过达成政府、社会协调双赢状态来提升社会系统的抗逆力。② 张粉霞则从灾害抗逆力研究取向的转变入手，将灾害抗逆力概念的发展分为三个阶段，即：初期的抗逆力概念强调灾害后短期内个体的反应能力，学界出现了较多关于抗逆力与脆弱性概念的讨论；中期则强调抗逆力是个体在灾害性事件发生及灾后重建过程中的调整与适应的能力，此时期的研究者侧重于将抗逆力剖解为不同面向的因素，讨论灾害复原过程中抗逆力与社区系统之间的关系；③而近期对于抗逆力的研究，则进一步引入了量化分析的手段，试图对中前期抗逆力概念及其在系统中的运行状况，进行指标化和模型化的实证分析。

此外，环境科学领域也有大量涉及灾害社区抗逆力的相关文献。其重点在于探讨自然灾害影响下的城市抗灾体系和灾后重建模式，以及自然灾害对于受灾社区复原能力的影响。环境科学研究者尝试通过量化研究的方式，形成“社会—生态系统复原力”模型，推演出影响灾后复原的压力与抗逆力因子之间的相关性。与此同时，我国学者通过借鉴国外灾害研究中抗逆力的相关模型与测量指标，从实地和实例出发，逐步探索灾害社区抗逆力的

① 陈静、杨旭光、王静爱：《巨灾后幸存者心理恢复力初步探究——以 1976 年唐山地震为例》，《自然灾害学报》2008 年第 1 期。

② 张强、陆奇斌、张秀兰：《汶川地震应对经验与应急管理中国模式的建构路径——基于强政府与强社会的互动视角》，《中国行政管理》2011 年第 5 期。

③ 张粉霞：《灾害社会工作本土经验反思与实务模型建构——基于灾害复原力理论视角》，《云南师范大学学报(哲学社会科学版)》2016 年第 5 期。

测量工具定义与测量方法。如朱华桂通过建立社区抗逆力的分析模型，对影响社区抗逆力的因素进行探究，认为社区资源、环境、社区人员都是影响社区抗逆力强度的重要因素。①

综上所述，灾害社区抗逆力研究是伴随着中国现代应灾管理理念的变革而逐渐走向台前的。此概念是指受灾个体、家庭、群体、组织应对灾害时物质获取、精神调适等方面的能力。目前，国内对于灾害社区抗逆力的研究仍处于摸索阶段，有关抗逆力测量的指标体系建构繁杂，抗逆力培育理论的本土化程度尚待提高。但综合以上学者的观点，中国灾害抗逆力研究的总体特征有三点：第一，研究强调灾难中抗风险的主体从国家扩展到社会组织、专业组织等范围，体现出抗逆力主体的多元化趋势；第二，灾害社区抗逆力不是天然的目的论概念，而是有迹可循，能够进行培育和提升的动态过程；第三，灾害社区抗逆力的产生与培育是一个持续的动态过程，除了应灾主体当下对风险的抵御能力，其对于风险预防及灾后复原同样重要。

第二节　灾后社区重建与社区抗逆力

21 世纪以降，作为御灾抗害“前哨站”的社区在现代灾害应急管理中扮演着重要角色。灾后社区重建工作的中心任务在于如何发挥好社区作为应灾“缓冲阀”、救灾“助力器”的重要作用。这不仅要求社会工作介入社区灾后重建和脱贫工作时，要在明确社区本土独特性的基础上，选取或独创社区

① 朱华桂：《论社区抗逆力的构成要素和指标体系》，《南京大学学报(哲学 · 人文科学 · 社会科学)》2013 年第 5 期。

重建模式,更要注重对社区内外部资源的主动挖掘与整合,将社区整体抗逆力的培育作为社区摆脱因灾致贫困境的重要手段。

一、现代社会灾后社区重建的特征

灾害贯穿于人类社会的存续和发展过程之中,往往对社会产生难以避免的巨大影响。灾后重建则是人类适应和转换灾难风险的标志。在灾害研究中,灾后重建作为一项跨学科、系统化的工程,依据灾情的不同,其包含的内容也有较大差异。一般而言,现代社会中的灾后重建工作大多强调受灾城乡自然生态、基础设施、社会经济运行、社会关系网络等方面的恢复与重建。此过程既聚焦于受灾地区社会的独特性需求,又体现出现代应急管理的一般性理念。因此,笔者在本节试图综合各学科对灾后重建工作的分析,将现代灾后社区重建的特征总结为以下几个方面的内容:

(1) 灾后社区重建的持续性。灾害性事件的发生往往并非瞬时性的,因此研究者在设计灾后重建规划时,必须将灾害的不同阶段可能发生的情况纳入考量范围。研究者要从受灾社区资源环境的承载能力出发,在充分调研灾区地理及生态条件的基础上,制定科学的可持续性重建策略。

(2) 灾后社区重建的发展性。人们对受灾社区进行修复与重建,并不意味着依照原有设计进行复制型建设,而是要吸取灾害的教训,引入新时期社区发展理念,将灾后重建社区建成更加安全、舒适、人文的人居生活环境。

(3) 灾后社区重建的社区独特性。社区被视为一种由具有共同价值观念的同质性人口构成的、关系密切、守望相助且富有人情味的社会关系团体。[①] 不同社区即使在地理环境上特征相近，其在人文环境上也会有各自的独特性。因此，人们在重建社区时，要将社区独特性纳入重建规划中。具体言之，灾害社区重建工作既要关注受灾社区的重建需求，又要聚焦于社区内部的优势资源，将单纯靠外部资源投入的“输血式重建”转变为“造血式重建”。

（4）灾后社区重建参与主体的多元性。随着我国灾害应急管理体系的不断完善，灾害救助理念的持续进步，现阶段的灾后重建工作已不再被看作政府单一主体自上而下的行政职能，而是一种融合了政府、社会组织、企业等多元主体共同参与的公共事务体系。

总之，灾后社区重建要有物质重建，更要有对受灾群众精神层面进行重建的内容。现阶段灾后社区重建研究大多聚焦于社区重建的规划与重建机制，仅有少量文献关注到受灾社区的文化氛围重塑和居民灾后精神文化方面的需求。如文军、何威从社会增能的视角，探讨了受灾社区社会记忆修复和重构，对于促进社区内生力量提升、增强社区抗逆力起到了重要作用。他们强调在社会工作介入社区重建的过程中，通过一系列对群体内部社会记忆的增能服务，有效促进社区居民生活价值感的回归，使其更具备投入灾后重建的决心和勇气。[②]

二、灾后社区重建的模式分析

灾害过后的社区重建工作是灾害应对、抗灾、减灾工作的重要环节。但

① 黎熙元：《现代社区概论》，中山大学出版社，2007，第 98 页。

② 文军、何威：《灾区重建过程中的社会记忆修复与重构——以云南鲁甸地震灾区社会工作增能服务为例》，《社会学研究》2016 年第 2 期。

是在地区状况、文化背景、灾害类型等方面，灾后社区重建呈现出多样化特征。本节选取较有独特性的两类灾后社区重建模式展开分析。

1. 国际多元合作式社区重建模式

2004 年 12 月 26 日，印度尼西亚苏门答腊岛附近海域发生里氏 8.9 级强烈地震，并引发大规模海啸，给印度洋沿岸国家造成了巨大的经济损失和人员伤亡。其中，以位于苏门答腊岛北部的印尼亚齐特区损失最为惨重。统计资料显示，该特区在海啸灾害中死亡及失踪人数高达 16.7 万人，灾害造成的直接经济损失相当于该特区年度生产总值的 90%以上。①

面对这一重大灾情，印度尼西亚政府积极寻求联合国各机构、外国政府及国际非政府组织等多方力量的援助。在受灾社区恢复重建方案设计方面，印尼政府根据本国受灾情况，划分出灾后重建重点区域，并将重建方案制定的任务委托给在防灾、减灾领域内具有世界领先水平的国家和组织。印尼海啸灾区的重建工作主要包括生活重建和生产重建两个方面内容。其中，生活重建的重点在于解决灾民的居住问题。联合国人居署为解决印尼本国安置型住宅建设进度迟缓的问题启动了《亚奇、尼亚斯灾区住宅援建计划》。该计划组织部分成员国及政府间组织围绕相关问题开展了一系列调查、设计、防灾减灾基础设施援助等工作。其重点在于推动印尼灾后半永久性安置住宅社区的建设，为受灾地人民生活的维持与改善作出了极大贡献。② 在生产重建方面，国际救援团队在灾后重建早期强调推动印尼当地第一产业生产力的恢复，以满足民众在粮食、燃料和建材等生活必需品方面的

① 何振德、金磊：《城市灾害概论》，天津大学出版社，2005，第 52 页。
② 王岱、张文忠、余建辉：《国外重大自然灾害区域重建规划的理念和启示》，《地理科学进展》2010 年第 10 期。

需求。在联合国的统一指导与调配下，中国也为印尼灾区的农业生产恢复工作提供了良种、农业技术和农产品设备等支援。此外，在第二、三产业的重建中，亚洲开发银行、国际金融公司等国际行业性组织提供协助并给予印尼灾区资金借贷、人才培养等方面的支援，为印尼海啸灾害后的生活社区和生产社区重建提供了极大的帮助。

可见，国际多元合作式社区重建是全球化时代所特有的一种以国际合作为重建核心的模式。当地政府对受灾地区灾后社区重建方面的困境进行分解，不同国家和国际组织发挥各自的优势与长处，共同推动了灾后的生产生活复兴及灾民的有效安置。但目前这一模式流程复杂，涉及关系也过于复杂，一般应用于面对巨灾无力进行灾后重建的发展中国家。

2. 社区营造式重建模式

社区营造实践层面涉及社会学、社会工作、人文地理学甚至建筑学等诸多领域。不同学科对社区营造进行研究时，对其概念的界定均带有一定的学科特色。总体而言，社区营造作为一种社区进行自我组织、自我提升的过程，具有以下特性：① 社区营造的主体是居住在同一地理范围内的居民；② 社区营造的方式是持续性的集体行动；③ 社区营造的关键在于人们培育一种社区共同体意识和社区归属感；④ 社区营造内容多样，涵盖经济、文化、环境、空间等方面；⑤ 社区营造的最终目的在于提高社区生活质量。

在社区营造式重建模式中，面对灾害性事件对社区的破坏，社区民众、社会组织和政府共同成为重建资源投入的主体。社区居民作为社区内生力量，在社区共同意识的指导下，结合社区实际受灾状况，与其他社区居民共同商讨出灾后社区重建方向和规划。这是一种典型的自下而上的重建过程。同时，该模式也强调人们有效利用政府及社会组织等外部资源，通过扩展社区支持网络，在政府政策规划允许的范围内，整合重建所需人力、物力资源，以达到重建目的。此外，社区居民对社区重建工作的深度参与是社区营造式灾后重建模式的重要特征。该模式通过居民自建(self-build)的形式，使民众身份由“受灾者”转向“救灾者”，在社区重建目标实现的过程中，进一步加深居民对社区的归属感，强化社区共同体意识。

总之，灾后社区重建模式的选择与运用通常受到灾害类型、受灾国家或地区抗灾能力、抗灾理念和社会文化传统等因素的影响。但随着“抗逆力”取向成为现代风险防控领域关注的焦点，其在灾后社区重建模式中也有相应体现。

三、灾后社区重建中的社区抗逆力研究

总体而言，灾难恢复是一个涉及决策、抗灾能力和利益主体之间互动的长期过程。此过程又往往与受灾地区的生态、社会、人文状况相关。社区作为社会治理的基本单位，处于灾害响应与应急处置的前沿阵地，是灾害性事件中遭受冲击的场所，更是防灾、减灾及灾后重建工作的关键起点。“抗逆力”作为灾害社会学、社会工作的重要概念框架，近几年也开始与灾后社区重建研究相结合，从个体的抗逆力拓展到社区整体的抗逆力。社区抗逆力逐渐成为灾后社区重建的重要理论和实践框架。

1. 灾害研究中社区抗逆力概念界定

社区抗逆力的概念来源于个体抗逆力研究的扩展。蒂尔尼(Tierney)是较早注意到灾难情境中社区抗逆力重要意义的学者。他进一步提出在灾害

应对中提升社区抗逆力水平和培育个体抗逆力，二者对于抗灾工作有着同等意义。[①] 他强调将社区作为抵抗压力、逆境甚至危机的基本单位，通过充分调动社区内部的物质和人力资源，提升社区自我修复的能力。也有学者从灾害学角度出发，直接将社区抗逆力定义为“社区从灾难中充分恢复的能力、技巧与知识”。[②] 米莱蒂(Mileti)则从风险社会的角度，认为要想减少各类社会风险对社区造成的冲击与持续性损害，就必须增强社区抗逆力，并指出社区所具有的高水平抗逆力能够抵抗灾难。即使在高风险的冲击下，社区也不会因灾难而完全丧失功能。在未得到外部援助的情况下，该区域的生产能力或生活水平也不会过多降低。[③] 帕顿(Paton)等对于社区抗逆力概念的界定则强调其中的物理和经济因素。他认为，社区抗逆力是社区面对危害时有效利用物理和经济资源促进社区复原的能力。[④]

此外，对于社区抗逆力强度影响因素的研究同样是学界关注和讨论的重要议题。从社区的概念出发，社区在灾害中要形成自我修复的能力，就必须依靠社区自身及其成员，依托于社区居民的集体行动，推动个体抗逆力形成正向合力，从而提升社区抗逆力水平。社区抗逆力除了易受到社区居民个体抗逆力水平的影响外，还受到诸如社区防灾抗灾基础设施建设、人口特

---

① K. Tierney, “Impacts of Recent U. S. Disasters on Business: the 1993 Midwest Floods and the 1994 Northridge Earthquake,” in *Economic Consequences of Earthquakes: Preparing for the Unexpected National Center for Earthquake Engineering Research*, ed Jones. B. (University at Buffalo, 1997).

② Charlotte and Shepherd, *Assessing Resilience and Vulnerability in the Context of Emergencies: Guidelines* (Victorian Government Publishing Service, 2000).

③ Milet, *Disasters by Design: A Reassessment of Natural Hazards in the United States* (Washington. D. C: Joseph Henry Press, 1999).

④ D. Paton and D. Johnston. “Disasters and Communities: Vulnerability, Resilience and Preparedness,” *Disaster Prevention and Management* 10, no. 4(2001): 270 - 277.

征、社区经济水平、社区环境特性等因素的影响。诺里斯(Noriss)等对灾害后社区抗逆力相关文献进行考察后,将社区抗逆力的来源总结为社区经济水平、社会资本、信息沟通、组织能力等四大层面的适应性能力。①

概言之,社区作为抵御灾害的"前哨站",一直是灾害研究领域关注的对象。随着近年来灾害应对管理理念的革新,研究者对于社区应灾的理解也有了更多的积极性思考。尤其是这些新观点强调人们要在应灾过程中挖掘和提升社区自身能力,将社区抗逆力作为灾后社区重建的关键力量来源。

2. 灾后社区重建中社区抗逆力建构模型

不同社区在应对相似的灾害初始损失时,往往会由于社区抗逆力水平不同,而表现出差异性的恢复状态。麦尔斯(Mils)将灾害中社区从初始损失(initial loss)恢复到灾前状态的时间纳入考量范围内(见图 4-1)。

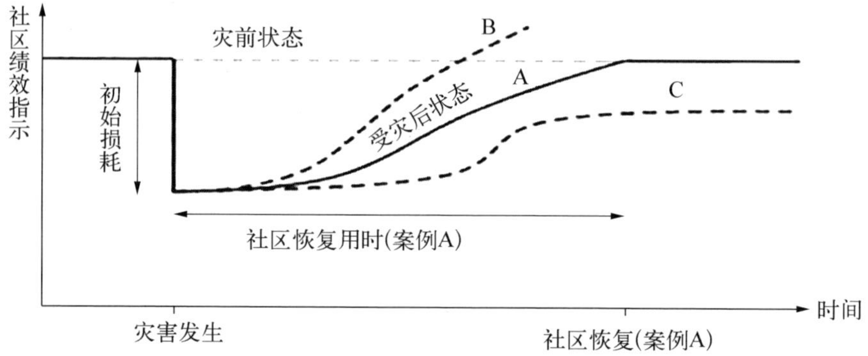

图 4-1　麦尔斯社区灾后恢复示意图

资料来源:E. S. B. Miles and S. E. Chang,"Modeling Community Recovery from Earthquakes," *Earthquake Spectra* 22, no. 2(2006): 439-458.

① Fran H. Norris and Susan P. Stevens, "Community Resilience as a Metaphor, Theory, Set of Capacities, and Strategy for Disaster Readiness," *American Journal of Community Psychology* 41(2008): 127-150.

其中,初始损失的界定是根据社区绩效指标(如灾害造成建筑物存量变化或社区经济产值变化等)进行衡量的。假设社区重建目标是使灾后的社区功能完全恢复到与灾前状态持平或高于灾前状态的程度,从图 4-1 可以看出,假设 A、B、C 三个社区同时面临相同的灾害初始损失,A、B 社区均能在一定时间内完成灾后社区状态的修复。但相较而言,B 社区的灾后重建用时明显更短,并在修复过程中实现了自我学习和自我发展,使重建后的社区状态高于灾前水平,这是一种理想化的灾后重建状态。C 社区则是一个重建趋于失败的例证,灾后重建起始延迟,重建速度难以持续,社区状态在较长时间内难以恢复至灾前水平。

因此,除了强调人们在灾害预防、应对过程中引入社区抗逆力概念以外,如何测量灾害中的社区抗逆力水平,从哪个层面入手,怎样提升社区抗逆力水平等问题,同样是我们在灾害应对中需要讨论的问题。目前,国内外越来越多的学者对灾害应对中社区抗逆力水平及维度进行分析,提出了来自不同视角的模型。

第一,社区抗逆力的 4R 模型。布鲁诺等认为,社区抗逆力是一个贯穿于灾害发生至灾后重建完成全过程的长期理念和能力,是减轻社区灾害影响、推动社区状态恢复的重要功能。其要素包括四个层面:内固性、储备性、资源动员性和快速性。[①] 内固性,是引自自动控制领区的专有名词。其在灾害研究中特指受灾地社会系统及其各要素在承受灾害压力时,最大限度地减少初始损失,维持社区正常运行功能的能力。储备性,强调社区系统及其

① M. Bruneau, S. E. Chang and R. T. Eguchi, "A Framework to Quantitatively Assess and Enhance the Seismic Resilience of Communities," *Earthquake Spectra* 19, no. 4(2012): 733-752.

要素的可替代性，即面对因灾造成的系统功能衰退或丧失，社区有能力寻找替代性资源，以满足社区居民生活及重建需求。资源动员性，侧重于受灾社区在灾后重建过程中的物力、人力资源整合与资源调配的能力。快速性，意指社区具备灾难救助的敏感度，人们能够在灾后第一时间进行干预，以避免和控制次生灾害的产生，力求将灾害性事件对社区系统及居民的不利影响进行弱化或消除。

第二，地方灾害抗逆力模型。① 该模型由美国南卡罗来纳大学的卡特(Cutter)于 2008 年提出，是基于受灾地点的灾害抗逆力模型(Disaster Resilience of Place Model, DROP)(见图 4－2)。

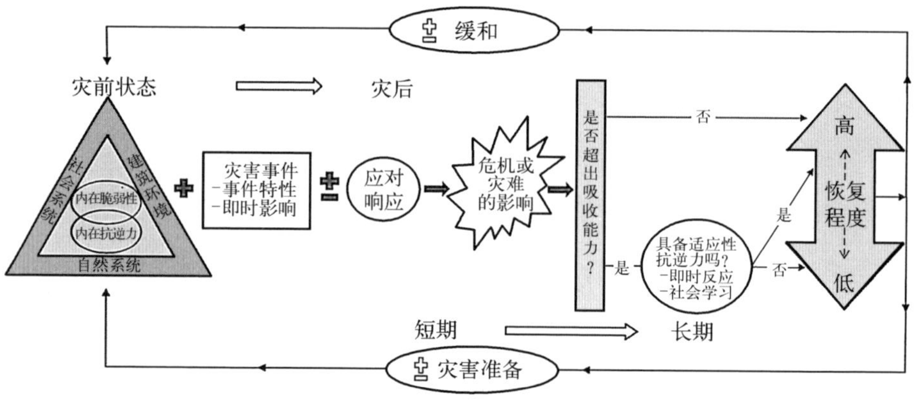

图 4－2 地方灾害抗逆力示意图

资料来源：Susan L. Cutter, Lindsey Barnes and Melissa Berry,“A Place-based Model for Understanding Community Resilience to Natural Disasters,” *Global Environmental Change* 18, no. 4(2008)：598－606.

① 本节内容参考 Susan L. Cutter, Lindsey Barnes and Melissa Berry, et al. ,“A Place-based Model for Understanding Community Resilience to Natural Disasters,” *Global Environmental Change* 18, no. 4(2008)：598－606.

卡特首先将脆弱性概念引入地方灾害抗逆力模型中，认为抗逆力与脆弱性在正常的灾前社区状态中处于共存状态，甚至在某些社区属性层面上存在二者重叠的情况。影响社区状态的因素包括社区所在的社会系统、自然系统和社区建筑环境。其中，社区地理位置是影响社区抗逆力的重要因素，即社区周边生态环境、经济建设程度、区域制度、基础设施配置情况、人口学属性等条件，都会对正常状态下社区的内在脆弱性和内在抗逆力水平产生影响。

首先，灾害性事件的发生是对社区灾前状态的一种中断和破坏。不同的灾害特性和社区应灾手段均会对灾害中社区初始受损水平产生影响。所谓吸收能力，也称"阈值"，是社区运用事先设定的应灾机制和手段吸收并消解灾害性事件影响的能力。① 如果危机或灾难带来的初始损失未超过社区自身的应灾与自我恢复能力，那么社区在灾后重建工作中将呈现出较高的恢复程度。若这一初始损失大于社区的应灾阈值，则社区需要通过即时反应和社会学习提高其应灾的适应性抗逆力水平。社会学习是指将有益的即时性行为转化为处理未来事件的制度性政策，包括政策制定和事前准备的改进。但在适应性恢复的过程中，我们必须将社会学习与经验教训进行区分。经验教训是指人们在事件结束后的总结，是对应灾过程中的成功与失误进行复盘的结果。但一般而言，特殊灾害情境中的经验教训对下一次灾难性事件的缓解难以形成指导性经验。而社会学习则强调在灾难性事件的恢复过程中所获得的促进社区恢复的潜在性知识。这一知识不仅能推动此

① Susan L. Cutter, Lindsey Barnes and Melissa Berry, et al., "A Place-based Model for Understanding Community Resilience to Natural Disasters," *Global Environmental Change* 18, no. 4(2008): 598 - 606.

次灾害应对的进程，而且能增强社区防灾、应灾的整体实力。换言之，社会学习可以提高社区的内固性水平。

其次，灾害恢复程度具有从高到低的连续性。若灾害产生的初始损失不超过一个社区的阈值，则恢复的速度能够在短期内得到较快提升；反之，如果灾害产生的负面因素超过社区的吸收能力，且由于社区即时反应策略不佳，或并没有发生社会学习行为，导致适应性恢复力低，就可能最终产生较低的恢复程度。但在灾害影响同样超出社区阈值的情况下，社区发生了适应性恢复，那么社区可能更容易实现更高程度的恢复。无论如何，灾害应对的社区整体恢复是一个持续性过程，该过程强调社区居民通过有效应灾策略和社会学习，提升社区应灾的适应性抗逆力，从而获得较高的社区恢复水平。

最后，值得注意的是，卡特等也指出，由于社区抗逆力受到社会、经济、文化、制度、社区基础设施、物资储备能力等多方面因素的共同影响，实现社区灾害抗逆力由概念框架的讨论向评估过渡的难度较大。加之灾害情境与社区状态呈现出多样化特性，就目前的技术水平而言，将社区抗逆力水平转换成绝对数值仍难以达成。① 因此，地方灾害抗逆力等理论模型的建立，通常只用于评估应灾过程中相对的社区抗逆力状况，或存在于以地点、时间等要素作为变量对社区抗逆力的变化趋势进行的研究和总结之中。

3. “复原为本”的灾害社会工作整合型实务模型

国内学者张粉霞在对“5·12”汶川地震灾害后国内灾害社会工作进行

① Susan L. Cutter, Lindsey Barnes and Melissa Berry, et al., “A Place-based Model for Understanding Community Resilience to Natural Disasters,” *Global Environmental Change* 18, no. 4(2008): 598 - 606.

总结和深入分析的基础上，对目前灾害社区抗逆力研究的本土经验进行了批判性反思。她认为，目前中国本土的灾害社会工作过于强调类别化问题的解决，缺乏整合性理论视角与系统性实务框架。这一取向导致现阶段的灾害社会工作实务服务呈现出“服务碎片化”“服务过分强调需求满足和弱势回应”“家长式服务供给”“服务方式片面强调响应性和应急性”等特点，忽视了灾难性事件中对“人”的角色的重视和作为受灾群体自身抗灾能力的发挥。[①] 因此，张粉霞主张通过强调“多重系统取向的整体性复原”和“过程导向”的灾害社区抗逆力培育模式，以弥补或改善我国本土灾害社会工作的不足之处。具体而言，她从研究对象的整体性角度强调灾害复原的“恢复—适应—成长”过程体系框架，从人力资源、经济资源、社会资源、政治资源等四个维度探究灾害事件中受灾个体和社区的潜在抗逆力发展的路径。[②] 但这并非一种闭合性的模型，而是一个不局限于以上四种资源类型的“一体多面”的开放式资源系统。这就启发社会工作者要秉持优势视角的理念，贴近灾害地区真实的社会情境，链接和整合资源系统中的各层面资源。社会工作者要把接受服务的受灾群众与受灾社区视为相互作用的有机整体，推动二者自发进行内生型力量的发掘和培育，从而推动受灾个人、家庭乃至社区的整体性灾后重建工作的有效开展。

综上所述，社区抗逆力作为灾害研究领域的一个重要概念，具有多层次和复合性特征，涉及政策制度、科学技术、信息传递、经济生产、家庭恢复等多个方面。目前学界对于灾害性事件中的社区抗逆力模式、相对指标分析

① 张粉霞：《灾害社会工作本土经验反思与实务模型建构——基于灾害复原力理论视角》，《云南师范大学学报（哲学社会科学版）》2016 年第 5 期。

② 同上。

模型的研究已形成较为丰富的成果，具有研究视角全面化、方法多样化的特点。但从中我们也可以看出，灾害研究领域涉及学科门类广泛，社区抗逆力的理念蕴含于众多学科对灾害应对的分析之中，虽能呈现出“遍地开花”的研究态势，却始终缺乏普适性的成熟理论框架。值得肯定的是，社区作为抵御灾害的基本单位，在灾害应急管理中的关键性角色已然得到国内外认可。学界也越来越重视社区抗逆力这一贯穿于灾害性事件始终的理念框架，逐步将社区整体抗逆力的培育作为减轻社区灾害影响、推动社区状态恢复的重要手段，并强调社区内生型力量在应灾、防灾、灾后重建中的作用。这一框架有力地推动了我国本土灾害社会工作理论与实务经验的发展。

第三节　灾后反贫困社会工作与社区抗逆力——以汶川和鲁甸地震为例

新时期的中国灾害应急管理工作是在以人为本理念指导下，针对多元主体、具有可持续性的发展性工作。在这一整合性应急管理体系的指导下，中国社会工作者在参与灾害救助的过程中，主动结合受灾地特性，整合多种社会工作理论，统合个案、小组、社区社会工作的技术手段，联合多元主体，积极深入受灾地区开展实务工作。这些实务工作为受灾群众及地区的灾后恢复工作作出了突出贡献，总结出有效的灾后反贫困社会工作介入路径，进一步为社会工作的本土化积累了宝贵经验。本节选取汶川震后绵竹青红社工服务站团队和鲁甸震后上海服务队两个案例，进一步探讨灾后社区重建和生计恢复过程中，抗逆力动员的整合性与反贫困社会工作开展的有效路径。

一、汶川地震后的反贫困社会工作与社区抗逆力

改革开放以来，反贫困事业成为我国政府最重视的民生问题之一。根据《中国农村扶贫开发纲要（2011—2020 年）》有关精神，国家在全国范围内共划分出 11 个集中连片困难地区，加上已明确实施特殊扶贫政策的西藏、四川藏区和新疆南疆三地州在内，共有 14 个片区成为反贫困新阶段中脱贫攻坚的"主战场"。从自然区位条件来看，国家连片特困地区大多为山区，生态环境复杂，受自然灾害影响的风险较大。

因灾致贫一直是我国贫困人口产生的主要原因之一。尤其是对于农村地区而言，自然灾害种类多，发生频率高，抗灾基础设施建设不完善，抗灾能力不佳。加之普通自然灾害救助机制和农业保险体制不完善等因素的叠加，使得我国农村居民更易陷入因灾致贫和反复贫困的困境之中。统计资料显示，2003 年，由自然灾害造成的返贫农户占总返贫数的 55%，尤其是 2008 年"5·12"地震后，四川省贫困农村的贫困发生率由灾前的 30%上升至灾后的 60%以上。①

2008 年 5 月 12 日，汶川特大地震发生后，我国政府高度重视灾情，即刻开始组织并实施地震救援和灾后重建工作。在此危难之时，社会工作界人士纷纷以不同的方式和视角，投入抗震救灾及灾后重建的战场中，为受灾群

① 丁军、陈标平：《构建可持续扶贫模式治理农村返贫顽疾》，《社会科学》2010 年第 1 期。

众提供专业服务，成为灾后重建队伍中一股不可忽视的力量。其中，由中国青年政治学院社会工作专业师生组成的青红社工团队，在四川绵竹汉旺镇等地开展了持续的灾害社会工作服务。2009—2019年的十年中，青红社工团队始终坚持以“发展性社会工作”作为专业服务的指导思想，引入“可持续生计”概念，以“团结社区、发展生计”为中心理念和介入的任务目标；重点面向伤残人员，围绕培育与发展“生计互助小组”这一中心任务，整合性地使用专业社会工作的各种实务方法，开展了一系列综合介入服务，取得了较好的服务成果。①

1. 青红社工从服务站到服务中心的转变历程

汶川地震发生后，中国青年政治学院中国社会工作研究中心联合北京各大高校的社会工作和社会学师生，向中国红十字基金会（以下简称“红基会”）提出并通过了“5·12灾后重建公开招标”项目申请，并在红基会的资助下于2009年4月10日成立了绵竹青红社工服务站。此阶段的服务站工作人员均来自北京高校社会工作专业的师生团队，他们采取项目化的运作方式开展活动。服务站以四川省绵竹市武都板房区东方职业技术学校为依托，开展社会工作专业服务。经过一系列艰难的专业关系建立过程，2009年年底，服务站开展了扶持当地伤残人士生计发展的家庭生计互助小组项目。服务站培育起自我管理、自我运行的“青红家庭生计互助组”，并拨付资金支持组员家庭在互助组框架内开展生计活动。同时，服务站社工也积极发掘社区领袖，培育社区自助组织。

① 陈涛、杨锡聪、陈锋：《发展性社会工作的本土化理论及实践》，《新视野》2018年第4期。

2010年4月，在项目获得第二批次经费资助之后，经绵竹市民政局批准，绵竹“青红社工服务中心”（以下简称“服务中心”）成为当地第一家正式注册的民办非企业单位和社会工作服务组织。服务中心作为青红社工团队灾后重建社会工作服务发展的第二阶段，继续开展“服务站”时期面向灾区伤残人员的“家庭生计互助小组”项目。服务中心将互助小组项目中表现出色的社会工作者提升至服务中心管理层，并积极吸纳来自周边各大高校社会工作专业的师生，以此作为青红团队开展服务的新鲜血液。同时，服务中心作为新晋“民非”（民办非企业）正式机构，也开始面向政府及其他非营利组织寻求合作机会。经过多方协调与争取，青红社工团队成功与“恩派”（NPI）非营利组织孵化中心及中国扶贫基金会等机构达成合作关系。根据承接地项目要求，服务中心提供社会工作专业服务的范围扩大至绵竹土门镇、天池乡和北川新县等地，其成功承接并开展了“阳光社区中心”服务、“绿色生计合作社”等项目。① 最后，青红社工团队的灾后重建服务由项目化转向成立正式机构。承接项目多元化也带来了服务中心在服务对象、服务范围、服务内容等方面的转变，但是青红社工团队始终坚持在发展性社会工作理论的指导下，在“团结社区、发展生计”理念的具体指引下，通过整合性的社会工作服务介入，促进灾后社区可持续性生计的恢复与培育。

2. 青红社工团队灾后社区生计重建服务的发展性

一方面，青红社工团队始终坚持发展性社会工作的视角，走“社区生

① 陈涛、陈锋、王小兰：《震后社区生计项目实践与发展性社会工作的探索——绵竹青红社工服务站的经验及反思》，《社会工作》2011年第4期。

计”路线。发展性社会工作是一种将强调促进人们的经济参与、发展与改善社会功能问题相结合的社会工作理论与方法。其突出特征是综合干预和大量使用社会投资策略。[①] 青红社工团队从介入灾区伊始，就以发展性社会工作理论为指导，提出了“团结社区、发展生计”的服务目标，扎根社区，探寻社区自身优势，链接有效资源。以“青红家庭生计互助组”的培育作为生计建设的起始环节，在社会工作者引导下，组员之间形成互助与自助结合的互动关系。在此基础上，社会工作者鼓励组员投入集体互助的生计活动中，在互动与生计状况改善中实现当地居民的自我增能和组织增能，以提升受灾群众的抗灾能力。在家庭生计互助组发挥良好作用的基础上，青红社工团队还继续培育和支持“青红种植专业合作社”“春燕手工作坊”“合唱小组”。[②] 这些实践使原先被动接受服务的灾区伤残人士得以找到合适且有效的生计活动，并促使当地社区形成可持续生计产业，不仅对个体抗灾能力起到积极的促进作用，更推动了社区产业和社区经济的复苏。另一方面，青红社工团队始终坚持“社区为本”的原则，防止社会工作服务与社区需求脱节。“社区为本”强调从社区的实际情况出发，在把握社区真实需求的基础上，进行灾后社区重建的方案设计工作。青红社工团队作为非本土社会工作队伍，为了更好地把握当地社区状况，了解社区需求，特地将办公地点设置在居民密集地区，在服务开展前，下大功夫与社区居民建立起初步的信任关系。对于社区范围外的项目，社会工作者深入实

① M. Gray and P. Crofts, “Social Development and its Relevance to Australian Social Work,” *Australian Social Work* 61, no. 1(2008): 88 - 103.

② 陈涛、陈锋、王小兰:《震后社区生计项目实践与发展性社会工作的探索——绵竹青红社工服务站的经验及反思》,《社会工作》2011 年第 4 期。

地，根据不同社区在生计重建中的特征，解决问题，培育优势，链接资源，推动各类生计互助组织的建立与发展。值得注意的是，青红社工团队始终强调社会工作者与服务对象之间的伙伴关系。坚持发展性社会工作理论视角，特别重视服务提供者与被服务者之间的角色关系。例如在家庭生计互助小组中，团队强调社会工作者扮演“伙伴”角色，以增进社会工作者与服务对象之间的信任与合作密切度。同时，团队也避免服务对象对社会工作者产生依赖、移情等情感。这一原则有助于鼓励服务对象进行自我增能，提升个体抗逆力，也利于社会工作团队在与当地居民合作下实现社区重建的目标。

3. 青红社工团队生计互助项目的成功经验对反贫困社会工作的发展具有启示意义

其一，准备充分，计划务实。在青红社工团队正式经由红基会项目入驻受灾地区开展灾害社会工作之前，团队主要负责人就已多次深入多个极重灾区开展调研和危机干预工作，对于团队在受灾地区的发展路径规划和干预内容等方面都有较为深入的思考。同时，团队还与当地政府相关负责人达成关于社会工作团队介入的初步共识，为社会工作服务的开展奠定了良好的基础。此外，青红社工团队的服务制度规范设置完备。团队从服务站时期就重视相关制度的完备性建设，强调在实践过程中根据服务开展和人员流动情况，不断完善服务站的规章制度。工作人员严格恪守服务站规范化、程序化的流程体系，确保社会工作服务的专业化程度。其二，主动出击，发挥专长。从初来乍到的青红社会工作服务点，到正式的青红社会工作服务中心，团队成员始终不忘初心，充分发挥社会工作者在沟通与资源链接方面的专长，力求嵌入服务社区的实际生活中，与社区居民建立联系，发掘社区需求和潜在的服务对象。同时，青红社工团队通过与其他社会组织建立友好合作关系，从中获取一定的人际关系和信息资源，使其在社区生计互助服务开展中能够适时把握政策和项目契机，积累团队项目资源。其三，积极复盘，适时调整。在以发展性社会工作理念视角指导的生计互助项目开展过程中，青红社工团队难免会遇到来自各方面的压力与挫折，但也会收获服务对象增能成功的阶段性成果。团队进而对成果反馈进行收集，并主动复盘阶段性的介入过程，总结生计培育过程中的经验与教训。这种模式既能够及时把控和调整服务内容，使之与受灾社区的重建工作相互契合，鼓励服务对象在生计恢复与改善过程中逐步参与到社区重建工作中去，成为提升社区抗逆力和推动社区生产生活正常化的一股力量。

值得注意的是，青红社工团队并非仅有的一支坚守地震灾区促进受灾群众生计发展的队伍。我们还看到灾后社区重建过程中存在诸如广州的“映秀母亲”项目、香港理工大学和四川大学合作建立的清平乡社工服务站，以及小母牛组织的“汶川地震后重建伞状项目”等。这些专业社会工作团队针对受灾社区的及时介入和有效服务，都对促进灾后反贫困社会工作开展起到了积极作用。灾后反贫困社会工作是一个长期的过程，因为社会工作者通过某一阶段社会生计互助项目所培育出的可持续性生计并非永续存在。因而要求我们从社区抗逆力提升的视角出发，提倡“授人以渔”的理念，鼓励受灾民众提升主体意识，投身到灾后社区重建工作中，在多方增能的基础上，实现个体与社区、社会的共同恢复。

二、鲁甸地震后的整合性社会工作与社区抗逆力

2014 年 8 月 3 日下午 4 时 30 分，我国云南省昭通市鲁甸县发生 6.5 级地震，震源深度 12 千米，余震 1 335 次。这是云南省自 2000 年以来发生的震级最大的地震，对受灾地自然环境及人民的生命财产造成了极大的破坏。统计资料显示，此次地震灾害共造成 617 人死亡，3 143 人受伤，2.58 万户 8.09 万间房屋倒塌，4.06 万户 12.91 万间房屋严重损坏，紧急安置转移人口达到 22.97 万。① 另据《云南鲁甸 6.5 级地震灾害评估报告》可知，此次地震波及范围达 15 914 平方千米，受灾人数高达 113.8 万人。② 2014 年 9 月 5 日下午，民政部召开了鲁甸地震灾区社会工作服务支援计划启动视频会议，标志着中华人民共和国成立以来第一支地震灾区社会工作支援团组建成功。参与计划的五支社会工作服务队分别由北京市民政局、广东省民政局、上海市民政局、四川省民政局和中国社会工作协会组建。每支支援服务队派出 10 名左右社会工作者，他们与云南本地社会工作者一道，奔赴受灾群众较为集中的鲁甸县和巧家县。社工服务队重点为地震灾害中的丧亲家庭、儿童青少年、残疾人、老年人、因灾致贫人群提供包括哀伤辅导、生命教育、互助网络建设、心理疏导、社区重建等方面的服务。其中，上海社会工作服务队（以下简称“上海服务队”）以社区发展作为灾后重建的指导理念，将社区为本作为服务设计与实施的重点，以社区关系重构为核心内容，在社会工作服务介入灾害后社区重建、培育社区抗逆力等方面提供了宝贵经验。其

① 安平巷、陈宇鸣、申玻等：《云南昭通鲁甸 6.5 级地震》，《中国应急救援》2014 年第 5 期。

② 郭桂祯：《云南鲁甸 6.5 级地震现场调查评估侧记》，《中国减灾》2014 年第 9 期。

主要工作包括以下几个方面。

1. 上海服务队的人员配置与分工

根据当地政府的安排，上海服务队所在服务点为鲁甸地震灾区三大安置区域之一，其中包括 9 个村(社)，共计 416 顶帐篷，528 户 2 256 人。在鲁甸地震灾区社会工作服务支援计划实施的三个月(2014 年 9 月至 12 月)内，上海服务队共派出三批次专业社会工作者团队，进入鲁甸县某大型安置区开展服务。上海服务队在成员搭配方面采取“理论功底＋实务经验”的组合模式，既招募了来自上海各大高校的科研人员，也选调了一批具有丰富实务经验的一线专业社会工作者加入。其中，部分社会工作者还曾参与了“5・12”汶川地震的灾区社会服务，具备扎实的灾难社会工作实务经验，为确保鲁甸地区灾后救助服务的有效开展奠定了人力资源基础。

考虑到灾害情境和服务社区的特殊性，上海服务队强调，服务方案策划与实施前，要对服务区域进行实地走访和入户调查工作。因此，上海服务队将每一批次社会工作者的服务时间设定为 1 个月，针对不同批次工作者制定了不同的需求调查指标和服务规划。第一批上海服务队成员到达安置区域后，随即在安置区基本概况、受灾程度、现有资源、真实需求和社会工作的介入空间等五个方面进行初步调查。上海服务队发现，地震灾害不仅对受灾人民的生命财产安全造成破坏，更使得灾害区域居住环境发生了改变。该区域在灾前属于单一村落，呈现出分散型居住格局，但灾后被划分为安置区域后，不同村落受灾居民开始混居于一起。该区域原有的人际关系格局被改变。灾民之间复杂的情感与利益关系则进一步破坏了原有的社区文化氛围。故而，灾后安置区域虽然在地缘条件上具有人员聚合性，但由于缺乏共同价值观念和社会关系网络，仅仅是一个行政意义上的社区。团队如果完全照搬西方社区导向的灾害服务模式，将社区资产(assets)和能力(capacity)作为实务开展的基本框架，就很可能会遭遇"水土不服"的困境。

2. 上海服务队介入鲁甸地震灾区的基本理念与模式选择

上海服务队第一批成员对服务点的调研结果体现出安置区域当时正面临着"空有社区之壳，无社区之魂"的困境。因此，上海服务队将社区发展(community development)作为灾后反贫困社会工作服务的基本理念。这里的社区发展，不仅是指社会工作者依靠本社区的资源改善社区经济、文化、社会和生态环境等方面状况，还要促进社区居民形成社区认同感和归属感，重拾和塑造社区文化记忆。因此，上海服务队强调在制定服务方案时要从"社区导向"(community led/based/oriented)转向"社区为本"(community-centered)的模式。① 这种转向意味着社会工作者在制定介入方案时，要将社区本身看作一个复杂多元的关系主体，将社区内部各要素及其相互关系纳入考量范围之内，尤其注重发掘和保护社区文化传统和地方性知识。因为社区抗逆力不仅存在于社区内的个人、家庭、群体、组织等层面，更沉淀于历史变迁中。因此在社区发展理念的指导下，社会工作者以社区关系和社会资本的重建为核心内容，将受灾社区内部需求主体综合纳入社会工作干预计划中。同时，社会工作者依据案主的实际需求，整合多种理

① 文军、吴越菲：《社区为本：灾害社会工作服务及其本土实践——以云南鲁甸地震灾区社会工作服务为例》，《河北学刊》2016 年第 5 期。

论范式,统合个案、小组、社区社会工作的技术手段,打破专业壁垒,以解决受灾社区可能出现的各种复杂问题。

3. 上海服务队介入鲁甸地震灾区的具体行动策略

上海服务队在确定服务理念的基础上,充分发挥社会工作者在灾后重建中的作用,采用了整合性的工作方法。该团队从社区出发,根据服务对象的真实需求,将个案、小组、社区三大工作方法进行整合。其在解决服务对象问题的同时,强调个体、家庭、社区、组织乃至社会资源的链接和运用,鼓励安置社区居民主动参与到灾后重建工作中。在具体方案的设计上,上海服务队依据震后安置社区的特征和发展阶段,形成了递进式的社会工作者服务方案。

阶段一:社区介入,灾后社区抗逆力评估。第一批上海服务队成员在地震灾害后一个月就开始开展工作。因为处于安置区域社区重建的初期阶段,上海服务队强调以社区介入为工作中心,对安置区的内部环境、设施等客观条件进行评估。同时,社会工作者通过入户、走访、访谈等调研方式,统合社区内居民的生活和心理状况,评估现有服务条件与居民需求之间的差距,并对调研与评估过程中遇到的危机性事件进行及时的介入服务。可以说,第一批社会工作者的主要工作聚焦于评估和初步建立关系,为下一阶段的工作打下了坚实基础。

阶段二:社区增能,灾后抗逆力动员。第二批上海服务队成员在需求评估与危机干预的基础上,以社区增能为工作重点,将行政、外来组织、社区居民等层面作为社区增能的切入口,通过发挥社会工作者资源链接、公民意识培育等方面的专业能力,鼓励社区居民变被动参加为主动参与。这一模式变居民的消极接受为主动创造，充分提振了社区居民抗击灾害的决心。同时，上海服务队积极推进以社区精英为支撑的社区增能服务，丰富了社区可用资料来源，切实提高了社区的整体抗逆力水平。

阶段三：整合五大层面抗逆力，推动灾后社区重建。在前期社区介入和社区增能服务得以落实的基础上，第三批上海服务队成员将重点放在微观、中观、宏观三个层面上的社区重建工作，在秉持社区发展的服务理念的前提下，推动了五大方面的社区重建。① 心理与精神方面的重建。上海服务队强调社会工作者为服务点居民提供灾后心理舒缓、哀伤治疗等服务，以消除或减轻居民因灾带来的心理负能量，提升个体层面的抗逆力。② 人际关系方面的重建。其内容包括社会工作者根据社区发展状况制定和实施邻里关系建设活动，互助精神和社区共同体意识的培育活动等，以重构社区内非正式社会关系网络。③ 组织方面的重建。其内容既包括社会工作者对社区精英和社区管理人员开展的培训工作，也包括行政层面上社区党组织的重建，以挖掘和培育社区内部人力资源优势，促进社区内各类组织资源整合。此外，社会工作者从中观层面推动灾后社区重建工作，充分发挥组织在资源、信息整合和精神文化建设方面的作用。④ 社会与文化方面的重建。其内容包括灾后重建政策宣传和倡导工作，以及地方文化特色的传递与保护。文化所承载的不仅是地方发展的历史脉络，更蕴含当地独特的精神意涵。灾后文化重建旨在保护当地传统的民俗文化和集体记忆，将其作为灾后抗逆力培育与动员的重要素材。⑤ 社区整体发展方面的升级。上海服务队在受灾地区强调生计恢复和生产发展，既聚焦于当地居民最为关心的生计问题，也关注灾后社区重建的可持续发展。因此上海服务队通过开展就业技能培训、创业资源整合、创业平台搭建等措施，为当地居民灾后就业、创业提供积极协助。[1]

4. 上海服务队介入鲁甸地震灾区的实践成果

上海服务队在介入鲁甸地震灾区的3个月服务期内，始终坚持以社区发展为服务理念，以当地受灾社区的实际情境与真实需求为出发点，将社区关系和社会资本的重建作为灾害社会工作介入的核心内容。社会工作者采用整合性的介入视角，将社区内部各个需求主体综合纳入社会工作干预计划中；采取递进式服务方式，将评估与需求分析贯穿于整个服务过程中，从而形成了从微观到宏观的服务序列。此类模式彰显出专业社会工作在灾害救助领域所发挥的重要作用。具体而言，上海服务队依据服务方案规划，有选择性地通过个案、小组或社区服务项目的策划与实施来完成服务目标（见表4－1）。

表4－1　上海服务团队在支援计划中开展的部分服务项目汇总

服务名称	服务参与者	服　务　目　的
草莓志愿者队	安置区少年儿童	对“小草莓”开展安全教育培训，引导小小志愿者服务社区
胖哥老年服务点	安置区老年群体	每周定时定点为社区老年居民免费提供茶水、棋牌及健康服务
小娘子之家	安置区妇女群体	围绕安全教育及家庭教育开展互助小组活动，以减轻安置点妇女的生活压力，提升其安全意识

① 文军、吴越菲：《灾害社会工作的实践及反思——以云南鲁甸地震灾区社工整合服务为例》，《中国社会科学》2015年第9期。

续　表

服务名称	服务参与者	服　务　目　的
“我声飞扬、唱响灰街子”社区居民卡拉 OK 大赛	安置区全体居民	舒缓社区居民的灾后焦虑情绪，促进社区居民沟通交流、创造和谐友爱的社区氛围
庆国庆，灰街子红旗社区中老年象棋大赛	安置区中老年群体	以国庆节为契机，组织社区内中老年象棋爱好者参加比赛，创造社区共同记忆，加强居民间的沟通交流
“快乐吾家”亲子运动会	安置区家庭	通过亲子运动会的形式，减轻灾后社区居民压力感、增进亲子互动、培养亲子感情
“鲁甸公益部落”淘宝商店	安置区居民	利用网络平台销售灾区居民制作的手工艺品和当地农产品，为居民灾后生计可持续发展提供渠道
“太阳花”妇女之家	安置区妇女群体	以兴趣团队、任务团队及志愿团队建设为依托，开展传统手工艺品编制活动和当地口述风俗历史征集等活动

资料来源：此表为笔者根据相关报道内容总结而成。

表 4－1 仅为上海服务团队介入鲁甸地震灾区后策划并实施的部分服务项目。但我们从中可以看出，提倡社区为本的灾后反贫困社会工作改变了以往自上而下的行政主导型灾害救助路径。此模式以社会工作者为中介，整合政府、企业、社会组织、居民等主体力量，使之在抗震救灾与灾后重建工作中共同发挥作用，形成多元主体行动的新格局。同时，上海服务队通过实施一系列社区增能项目来培育社区抗逆力。这些项目不仅强调在物质层面上实现社区重建，更强调对社区历史记忆与社区良俗的重寻和维护，促使灾后安置社区成长为拥有社区凝聚力的可持续型社区。

第四节　结论与讨论

我国可以说是世界上遭受灾害影响最为严重的国家之一。改革开放以来，中国积极参与到全球化的灾害应对讨论与实践中，共同推进抗灾、防灾体系的建构以及应急管理思想的革新，最终实现了灾害应急管理机制由单一政府主导型转变为综合型应急管理体系。此种转型提倡人们在以人为本的核心理念指导下，实施多重目标、多元主体、具有可持续性的复原工作。进一步而言，随着灾害应急管理体系和理念的转变，社区抗逆力在灾害学、社会学和心理学等领域中也越来越受到重视。此概念框架聚焦于受灾个体、家庭、群体、组织、社区应对灾害时所具有的资源获取、精神调适等方面的能力，并逐渐成为国际灾害研究的重要因素。在此基础上，灾后社区抗逆力的意义也得以凸显，并进一步形成了社区抗逆力影响因子和培育路径等方面的理论模型，为应灾管理和灾后重建工作提供了理论指导。

在灾害救助过程中，社会工作者如同微尘一般融入受灾社区的方方面面，始终工作在灾后重建的第一线。故而社会工作者也成为最准确把握受灾社区真实需求的外来救援力量，也是灾害应对及灾后重建过程中的重要力量。面对灾害性事件，社会工作者不仅能及时为受灾个体、家庭乃至社区提供临时的专业关怀与救助，更能在灾后安置的过渡时期内有效解决受灾群众的心理和社会问题。同时，社会工作者积极协调各方关系并做好资源链接，带领志愿者团队开展有序服务，在受灾社区社会支持网络的重构等方面发挥着重要作用。

综上所述，社区抗逆力框架强调，在灾害社会工作实务的开展过程中，社会工作者秉持优势视角的理念，从发展性视角出发，贴近灾害地区真实的社会情境，为当地居民提供整合性的社会工作服务，具体体现在社会工作者将资源系统中各层面资源进行链接和整合，强调多主体联动，把接受服务的受灾群众与受灾社区视为相互作用的有机整体，将灾后重建工作的“输血型服务”转变为“造血型服务”。同时，社会工作者在灾后重建中融入反贫困的指导思想，从而推动受灾个人、家庭乃至社区的整体性灾后复原与灾后重建工作的长期有效开展。

第五章　日本农村社区抗逆力培育与反贫困社会工作

20世纪50年代中后期以后，日本经济经过了第二次世界大战后的恢复时期，开始进入经济和工业化高速发展时期。城市地区对劳动力的需求激增，大量年轻人从农村涌入城市，形成了城市地区人口过度集聚的现象，被日本学界称为“过密问题”。与之相对的是，农村地区的劳动力骤减，各生产环节缺乏发展动力，随即产生了一系列困境，如农民生活水平下降，教育、医疗、防灾等农村公共资源缺失，地区生产功能式微等。这进一步导致了人口的外流，被日本学界称为“过疏化问题”，人口外流地区被称为“过疏地区”。“过疏地区”的概念一般被认为来自日本1966年的经济审议会地域分会的报告。其在报告中的定义为，“人口减少地区出现的诸多问题。相对于‘过密地区’，我们应当称之为‘过疏地区’。过疏地区主要表现为，人口减少导致该地区难以维持应有的生活水准，尤其是防灾、教育、保健等地域社会的基础条件无法维持。与此同时，(当地居民)无法合理利用当地资源，导致生产机能低下。这些又与人口减少、人口密度低、老龄化等因素密不可分”。因此，本章将系统梳理过疏化背景下日本社会工作实践如何嵌入农村过疏化对策，最后培育出综合性的社区抗逆力。

第一节　日本“过疏化问题”的多元困境

进入21世纪以后，对日本农村社区可持续发展的研究离不开农村过疏化背景。因为日本农村社区在应对过疏化带来的诸多困境的过程中，逐渐从被动适应发展到主动应对的社区抗逆力。日本学界大多习惯用地域抗逆力的概念来分析社区抗逆力的内涵与外延。本节将对日本过疏化带来的困境、地域抗逆力的类型进行介绍，以突出日本农村社区发展的独特性。

20世纪90年代以后，日本农村过疏化现象日益严重，随即成为学界的重要研究对象。学者们纷纷从结构功能的角度分析过疏化现象带来的社会效果。例如，今井幸彦认为，“过疏是因为人口向城市移动，导致（迁出地）人口减少产生了种种问题。相对于‘过密地区’，我们将此类地区称之为过疏地区”。[①] 野边政雄认为，“在高速经济增长期内，越来越多的年轻人为了追求更高薪的职业，而迁移至太平洋沿岸和工业都市地带，因而引发了人口迁出地区的过疏问题”。[②] 大体而言，过疏化产生的社会问题主要有以下几方面：

第一，持续的人口减少和人口老龄化。20世纪70年代以来，日本过疏化农村的人口发展存在明显的下降趋势。首先是人口的机械负增长。过疏

① 今井幸彦，日本の過疎地帯，东京：岩波書店，1968：26.
② 野边政雄（2014）「過疎山村に住む高齢女性のパーソナル・ネットワークの基本的特徴」，『岡山大学大学院教育学研究科研究集録』第155号，pp. 49－56.

化农村社区的人口迁出数高于人口迁入数。主要表现为劳动力外流，造成人口流出地的地区产业发展停滞，居民生活保障水平下降，进而加重了人口外流的程度。其次是人口的自然负增长增加。死亡人数高于出生人数。该现象从根本上截断了该地区的人口生育链条，造成人口的持续减少。具体而言，从 1965 年开始，过疏化农村地区的人口便一直处于负增长阶段（－8.4％）。1970—1975 年，日本处于第二次婴儿潮时期，过疏地区的人口增长率达到最高值（－1.7％），但整体仍处于负增长阶段。1975 年至今，过疏地区的人口增长率不高于－2％，在人口迁出和生育率降低的双重困境中，过疏地区处于人口持续流失的状态。另外，在人口年龄构成方面，日本全国范围内的老龄人口比率从 1970 年的 7.1％上升到 2015 年的 26.6％，农村过疏地区的老龄人口比率则从 1970 年的 9.8％上升至 2015 年的 36.7％，远远高于全国平均标准。相反，全国青年人口比率从 1970 年的 27.8％下降到 2015 年的 14.6％，农村过疏地区的青年人口比率从 1970 年的 20.9％下降到 2015 年的 10.5％。[①] 可见，过疏地区不仅存在人口减少的问题，同时还存在急剧老龄化的困境，这对于地区发展来说可谓致命的打击。

第二，地区经济发展停滞和倒退。人口持续减少使得旧有的产业经济结构日益萎缩，传统产业发展陷入停滞状态。同时，国家大力倡导的新兴产业发展也较难在短期内发力，当地居民的生活水平也因此持续下降，甚至处于贫困状态。

第三，地区环境治理工作停滞，生态环境功能日益退化。人口持续减少、老龄化、产业经济发展迟滞等问题造成了地区发展活力下降的困境。不

① 総務省地域力創造グループ過疎対策室，過疎対策の現状と課題，2011.

仅如此，耕地、林地、渔场均存在不同程度的荒废现象，村落赖以生存的根基被动摇，众多村庄面临着消失的危机。

总之，日本农村过疏地区面临的主要问题源自人口减少，进而导致当地经济落后和集体贫困，反过来形成了促使人口外流的推力，重复加剧了当地的贫穷困境。最终，农村过疏地区居民的基本生活难以为继，对日本中央政府和地方政府的社会治理提出了严峻考验。

第二节　优势视角下的抗逆性：日本农村过疏化对策转型

自过疏化问题作为社会问题被提出，至今已经过去了 50 余年。总体而言，日本的乡村振兴是适应和转换过疏化风险的综合性政策体系，被称为“过疏化对策”。从表面上看，过疏化对策是一个风险应激反应的被动过程，但其本质却是一个内含范式转换的积极过程。同时，反贫困社会工作作为过疏化对策的一部分，也紧密嵌入其中得以发展。过疏化对策提出的背景是，20 世纪 60 年代日本农村人口急剧流失直接导致机械型老龄化的后果。这是一种中青年人口突然流出，而不是自然的人口代谢造成的老龄人口比率过大的现象。农村地区的行政和组织功能因而严重受损，难以维持正常的功能运作。日本政府高度重视这一全新的风险，密切关注其变化动向，也积极组织专家学者对过疏化问题进行反思。这种政策反思的着力点在“国家与社会”关系变化的角度上具有阶段性，大致经历了从问题视角转向优势视角的变化。因此，我们从日本过疏化对策内在的变迁轨迹可以勾勒出过疏化问题背后不同的时代特征和社会发展逻辑。

一、过疏化对策转型：从问题视角到优势视角

回顾日本过疏化政策发展的50余年历史，初期的过疏化对策似乎具有问题视角的特点。政策制定者将过疏化造成的一系列影响视为具有破坏性的危机，认为其导致了农村社会的全面崩坏，因此政府有义务动用国家力量来调动资源，帮助农村摆脱危机。日本政府为此先后颁布了两部应对过疏化的法律。第一部为《过疏对策紧急措置法》(1970—1979年)，过疏化在其中被归类为“社会问题”。“措置”为日本汉字词，对应于中文的“措施”一词。此法因而有强调“紧急应对”之意，即通过政府的紧急干预措施来实现农村的快速脱贫，保障国民生活环境得以最低限度地维持，其政策特点具有明显的应激性和行政化色彩。第二部法律为《过疏地域振兴特别措置法》(1980—1989年)，该法强调政府集中力量解决特殊问题。政府在初期通过实施一系列紧急应对措施之后，有力控制了人口规模的下行压力，特别是缓解了乡村老龄化、行政和组织功能低下等问题；同时增加了居民就业机会，提升了社会福利水平。[①] 这一阶段，日本中央政府主导型的过疏化对策显示出较为积极的风险管理色彩，体现出一种主动抵御过疏化风险的“抗逆性”。日韩学者强调个体或社会在经历风险之后“恢复”原貌之意，将其翻译为“恢复力”或“复原力”。其背后隐含着一种有机体恢复元气的东方哲学式前提，具有身心各方面恢复原来机能的整体性和关联性。我国社会工作学界的主

① 田毅鹏：《20世纪下半叶日本的“过疏对策”与地域协调发展》，《当代亚太》2006年第10期。

流翻译为“抗逆力”，强调个体主动反抗逆境的主体能动性。抗逆力研究随着全球风险社会的来临逐渐成为显学，其研究范围从个体抗逆力（个体心理弹性）发展到家庭抗逆力，再拓展到社区抗逆力。奥洛克作为社区抗逆力研究的代表人物，认为四大要素构成了社区抗逆力，并提出了著名的4R框架，即：内固性是指社区系统自身没有衰败或丧失功能的前提下，在组织结构方面具有抵抗外在风险的内生属性；储备性是指社区系统在外在压力下随机应变的可供选择和可替代的系统资源；快速性是指社区系统克服困难的速度，以及安全、公共服务和资金得以恢复的稳定状态；资源动员性是指社区系统在突发情况下动员所需资源和服务的能力。① 以此观之，日本初期过疏化政策内含的抗逆性倾向于快速性和资源动员性。具体而言，政府采取紧急应对之后，过疏地区的人口减少问题得以缓解，人口规模下行压力得到控制。即便如此，当时的日本政府仍将过疏化视为一种致使地区失能的综合性“问题”。政府作为“问题解决者”，理所应当地承担支援过疏地区解决问题的全部责任。可见，初期的过疏化政策中心是维持农村地区经济社会稳定。中央政府发挥了首要作用，当地居民、地方政府、社会组织发挥了次要作用。具体措施为，中央政府出台紧急应对政策，通过直接的行政力量快速动员物质和人力资源，对农村过疏地区进行帮扶，尽可能减少农村人口快速迁出的风险危害，与当地居民恢复正常生活状态之间的时间差。按照布鲁诺的4R抗逆力框架分析，中央政府从应激反应方面提升了过疏地区的快速性，为地方政府在下一阶段通过组织层面提升资源动员能力奠定了基础。

---

① T. D. O' Rourke and T. R. Briggs, “Critical Infrastructure, Interdependencies and Resilience”, *The Bridge* 37, no. 1 (2007): 22 - 29.

然而，进入20世纪90年代以后，过疏化问题日益体现出综合性和连锁性的新特点。政策的制定者（中央政府）和执行者（地方政府、居民组织、社会工作机构等）都越发觉得应对新风险应是一个兼具系统性、长期性、复杂性、交互性的复杂适应性系统。抗逆力中内固性和储备性要素的重要性日益凸显。源于系统论的优势视角正是深入挖掘系统内固性和储备性的重要框架。优势视角认为，所有个人、群体、组织、地区都具有自身有待被发掘的优势资源和内生能力。农村过疏地区亦如此。日本的政界和学界也日益认识到政策视角不应局限在紧急应对阶段，政策制定者应从更深层次的社区内固性和储备性出发，真正激发社区摆脱困境的内在动力，探索当地居民如何通过社会互助和组织化体现出抵御风险的内固性，以及政府面对突发风险危机时，如何通过有替代性的人力和组织资源体现出抵御风险的储备性。为此，日本政府制定了以颁布《新过疏法》为标志的“新十年计划”（1990—2000年）。其工作重点开始由外部推动转向内生发展，被政府称为“地区活化”①阶段。由于过疏化问题的表现形式在此阶段趋于复杂，不仅出现地区经济发展滞后、地区各项功能衰退等问题，还出现了地区发展内生动力不足、人口流失加剧、人口再生能力下降、基础设施发展严重滞后等困境。政界和学界都开始意识到乡村振兴政策应更充分调动居民自身的发展意愿，激活居民的发展动力，从“向外索取资源”转向“向内挖掘内生优势”。在当地青壮劳力迁出造成的老年人、残疾人、留守儿童等不同类型的人口照顾压力逐渐增大之时，政府强调要在过疏地区培养志愿者、护理人员、社会工作者等储备型人才，以解决以往“输血式”发展的内生资源短缺问题。此时，过

① 日本汉字为“地域活性化”。

疏化政策体现出的抗逆性着力于内固性和储备性，将重点从获取外来资源紧急应对风险，拓展到激活农村内生优势来转换风险。

进入21世纪以来，日本过疏化政策进入第四个十年计划（2000—2009年）第五个十年计划（2010年至今），发展出鼓励农村社区开展“自立促进”式的可持续发展模式。新世纪的过疏化主要表现为农林水产等第一产业发展进入停滞状态，单纯依靠政府的外部投入已无法解决问题。因此，农民和当地社会福利机构、非营利性组织等社会组织一起开始探寻解决之道，逐渐形成了以当地居民为主体、社会福利机构为主要支援力量的地域福利共同体。从抗逆力的角度来看，这一时期的风险应对强调将初期的快速性和资源动员性、中期的内固性和储备性，通过整合形成一种兼具四大抗逆力要素的综合性政策体系。农民作为重要力量被广泛发动起来，抗风险的主体性更加明晰，农村地区自身解决过疏化问题的综合能力也得以增强。

综上所述，20世纪60年代以后，日本政府大致沿着“紧急应对—特别应对地区活化—地区自立促进”的变化逻辑，对过疏化政策进行调整和创新。其深层次意涵是由一种问题视角转变为优势视角。更深层次的内涵在于，经过50余年的政策调整，农村地区抵御风险的政策制度环境日益稳定，同时为日本反贫困社会工作实践提供了坚实的制度基础。

二、从外在愈合到内生激发：反贫困社会工作模式转型

如前所述，日本过疏化对策在应对和转换风险危机的过程中，具有强烈的抗逆性。整个过程体现在以快速性和资源动员性来应对风险的紧急应对阶段，以及以内固性和储备性应对风险的地区活化阶段，再到兼具四大要素

的地区自立促进阶段。在此背景下，日本反贫困社会工作最鲜明的特点在于嵌入过疏化对策转型过程中的一种地域抗逆力。欧美抗逆力研究的最新趋势在于从个体抗逆力拓展到了社区抗逆力。此类范式转化从社区系统中居民抵御风险的个体化主体，拓展到无数个“主体性”之间联结化和组织化的主体间性。这种主体之间的内在关系体现出抗逆力的社会性，并丰富了抗逆力的内涵。但是，在欧美思想传统中，滕尼斯式的“社区”毕竟是一个桃花源式的、相对封闭的“内部共同体”，而东亚地区现代化进程中的“社区”却深深嵌入后发外生型国家现代化进程和城乡关系变化之中。因此，日本学术界常用“地域”代替“社区”，类似于中文的“地区”一词，其空间范围大于单个封闭的社区。但是，“地域”之“域”背后的社会文化意涵似乎大于“地区”之“区”。“域”强调一种超越城乡对立关系的整体性社会文化空间和政策单位。一方面，“域”是指体现城市和农村动态互动关系的整体性单位，内含各类城乡交流的具体过程；另一方面，“域”并非如“区”一样单指一种地理空间，实为区别于中央宏观制度政策的地方性政策实施单位，是某个地区本土性发展政策的代名词。在此背景下，我们发现日本反贫困社会工作的实践单位更倾向于“地域”，建构一种特殊的地域抗逆力，具有前者不具备的政策嵌入性和城乡互动性。由于日本过疏化对策在初期和后期体现出紧急应对、地域自治的不同特点，嵌入其中的社会工作孕育出的地域抗逆力也大致对应着地域社会自愈和地域社会自治的不同阶段。

1. 社会工作机构快速动员资源助力地域社会自愈阶段

快速性和资源动员性是过疏化风险应对初期的重要因素。具体而言，在日本过疏化对策对农村贫困迅速作出反应并制定扶贫计划的基础上，社会工作者在农村地区开展弱势群体的需求调查，对其各类需求进行快速反应。他们通过家访、咨询、资源链接等方式，针对包括独居者、残疾人、儿童在内的弱势群体提供福利服务。社会工作者每周要进行两次家访，并做好记录，作为进一步开展地域福利服务的前提。此外，社会工作者还建立了快速反应小组，积极应对突发紧急状况。① 社会工作机构在满足过疏地区弱势群体基本生活需求方面，起着不可或缺的作用。总之，社会工作的第一要务是助力居民和社区整体从困境中实现“自我愈合”，对地域内部原有的人力资源、社会网络等社会基础进行修复。换言之，社会工作者在过疏化对策强调快速动员资源应对危机的背景下，也通过对弱势群体的各类需求的快速反应，成为助力社会自愈的重要力量，为下一步从社会内部孕育自愈能力奠定基础。

2. 社会工作机构提升地域内固性，从内部孕育地域社会的自愈能力

农村青壮年人口的流失不仅造成了农村地区劳动力的急剧减少，公共服务功能也进一步衰退消解，更使高龄老人护理成为一大难题。为此，日本过疏化对策重视增强抵抗风险的内固性，强调激活社区组织优势的地域活化理念。社会工作者也紧随地域活化的政策理念，加强社区居民的组织化建设。较为典型的是日本高知县（日本的县相当于中国的省级行政单位）社会工作机构设立的温馨联络中心（あったか触れ合いセンター）项目。高知县在 2015 年年底老龄化率高达 32.5%，是日本典型的高龄过疏地区。为此，地方政府快速进行反应，在社会工作机构协会指导下确立了“提升居民

① 吉本知子（2019）「高知県『あったかふれあいセンター事業』にみる地域共生社会づくりへの展望」，『エイジングアンドヘルス』No. 88，pp. 14－17.

生活水平，扩大社会福利保障范围（涵盖儿童、老年群体、身体和精神障碍群体等），鼓励居民交流、互访、交谈、互助”的基本方针，并于2009年设立了温馨联络中心。温馨联络中心由高知县各级政府与社会工作机构、社会企业、非营利性组织共同管理。每个中心配置关系协调员一名、日常事务工作人员两名。工作内容是为了满足社区内普通居民的多样化需求而提供支持服务，同时针对需要被照料的老人、儿童等群体的特殊需求开展专业的福利服务。① 为了那些因为距离过远、自身条件限制等因素无法参与温馨联络中心活动的居民，政府设立了温馨联络中心的派出机构，以“卫星中心”（分散在基层社区的活动中心）的方式，将温馨联络中心直接延伸到不方便参与活动的居民身边。卫星中心为了提高居民的交往水平，以巡回式集体活动的方式开展居民交流活动，收集居民需求，组织居民开展互帮互助活动。值得注意的是，高知县作为日本典型的高龄化过疏地区，政府并未将老龄化当作负担，而是在2010年顺势提出了“日本第一健康长寿县计划”，聚焦老人的照料和护理服务，加大对社区照顾和医疗护理人才的队伍建设。一方面，为了打造能让居民安心居住的社区，高知县政府建立了体现地方特色的高知型福利日间照料机构，建立了“即使生病也能安心生活”的医疗体系，为老人照料需求较大的社区提供全天候照料服务。此外，该计划大力支持老人照顾的医疗和护理人才队伍建设，提高社会福利人才的专业性。另一方面，高龄化与低生育化是一枚硬币的两面。该计划并不局限在老人健康长寿方面，还从低生育率的源头上做工作。具体方式为建立家庭、婚姻、育儿支持团队，

① 吉本知子（2019）「高知県『あったかふれあいセンター事業』にみる地域共生社会づくりへの展望」，『エイジングアンドヘルス』No. 88，pp. 14－17.

以及政府与社会组织共同开展应对少子化问题的活动。此外，该计划还推行防止虐待儿童的政策，完善儿童照顾和救助服务；加强癌症预防和慢性病管理宣传，降低青年群体的死亡率。① 因此，为了应对健康长寿县计划提出的多元性综合性福利要求，高知县温馨联络中心持续扩大规模，扩展服务范围。2018 年，高知县全境共有 31 个联络中心、231 个卫星中心。服务范围包括外国籍居民和混血家庭。同时，温馨联络中心通过培育社会工作人才和护理人才持续提供福利服务，促使居民能够开展丰富、深入、高层次的交流活动，以夯实过疏地区的社会基础，提升社区的自愈能力。② 此类社会工作机构的发展不仅是一种实务行动，而且是一套整体性福利体系。其作为地方福利服务的重要载体，充分嵌入强调综合保障性的地域福祉政策体系中，从地区内部的内固性方面孕育出强调组织与政策互动关系的地域抗逆力。

3. “快速”动员和重建的地域社会自愈阶段

快速性是社区抗逆力培育初期的另一个重要因素，即社区共同体能够通过社区的自我设计和实践，快速恢复社会生态，迅速转变为应对过疏化风险的组织力量。具体而言，社会工作者首先对弱势群体进行需求调查，并快速作出反应，与温馨联络中心建立联系，通过家访、咨询、资源链接等方式，为独居老人、残疾人、困境儿童等群体提供福利服务。社会工作者每周要进行两天家访，并做好记录等基础性工作，同时建立应对小组以快速

---

① 吉本知子（2019）「高知県『あったかふれあいセンター事業』にみる地域共生社会づくりへの展望」，『エイジングアンドヘルス』No. 88，pp. 14 - 17.

② 吉本知子（2019）「高知県『あったかふれあいセンター事業』にみる地域共生社会づくりへの展望」，『エイジングアンドヘルス』No. 88，pp. 14 - 17.

解决突发事件。[①] 如图 5－1 所示，温馨联络中心的服务对象数量在 5 年内几乎翻了一番。其最广泛的一项功能是“集会场所功能”。居民们经常在集会场所开展形式多样的文化交流活动，如集体绘画、传统艺术作品展示、传统艺术表演、亲子交流活动、高龄老人和青少年隔代交流活动等。除此之外，越来越多的居民通过温馨联络中心开展互访和交流活动。可以说，温馨联络中心基本上满足了社区抗逆力对社区快速应对的基本要求。

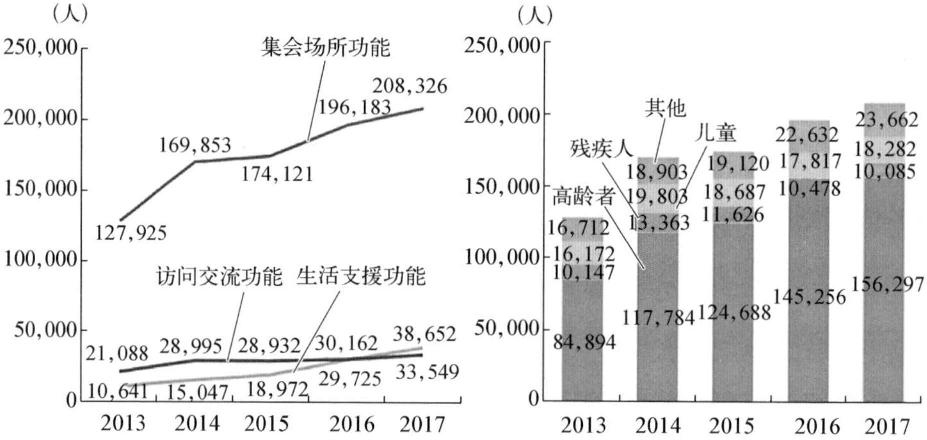

图 5－1　温馨联络中心基本功能利用人数及年龄层变化

图片来源：吉本知子（2019）「高知県『あったかふれあいセンター事業』にみる地域共生社会づくりへの展望」，『エイジングアンドヘルス』No. 88，pp. 14－17.

除了高知县，山口县阿武町的向阳村也是典型个案。山口县阿武町北邻日本海，南临濑户内海。1955 年，该村由原奈古町、原福贺村、原宇田乡村

① 吉本知子（2019）「高知県『あったかふれあいセンター事業』にみる地域共生社会づくりへの展望」，『エイジングアンドヘルス』No. 88，pp. 14－17.

等村庄合并而成，总面积为 116.07 平方千米，人口为 3 681 人，老龄化率为 45.21%(2014 年数据)，町内森林植被覆盖率为 85%以上，耕地面积有限。阿武町常住人口数从 1965 年开始急速下滑，常住人口已经从 1970 年的 7 409 人减少至 2015 年的 3 463 人。老龄化比率也急剧增加，从 1970 年的 14.3%激增至 2015 年的 46.4%，现已被日本政府指定为过疏地区。值得注意的是，影响阿武町人口数量下降的最主要因素，已经由原来的人口迁出变成了人口自然减少。自 1995 年以后，该地的年净迁出人数基本为 0，成为过疏地区的主要原因是自然增长率低，居民生育意愿不强，育龄人口减少。

当地社会工作机构的调查显示，出生在阿武町且有长期定居意愿的人占全町总人数的 27%以上；出生于阿武町，曾经迁出如今又迁回该地并有定居意愿的人数占比为 30%左右；町内人口剩余的 40%左右为外来迁入者。调查还显示，“热爱阿武町地区”的居民占总人数的 78%。这说明当地居民具有较强的社区荣誉感，也是阿武町地区开展反过疏化活动的社会基础。但同时，当地居民同样就道路交通不便、购物不便、缺乏工作机会等问题提出了改进的要求。在居民的改进愿望清单中，提供工作机会排在首位(70%)，紧随其后的分别是道路交通网改造(42%)、养育儿童的支援工作(30%)。[①] 面向高龄老人的调研数据则显示，保障基本生活需求并提高生活质量的必要支持，是高龄老人群体最为关心的问题。而这正好与社会工作机构培育当地抗逆力的阶段性要求相契合，夯实了社区重建的可持续发展基础。

---

① 田中きよむ (2018)『小さな拠点を軸とする共生型地域づくり——地方消滅論を超えて』晃洋書房.

2009 年 3 月，阿武町宇田乡宇田小学因学生数量过少而被取消。宇田乡居民和地区委员会共同商讨了废校的决定，各方经过讨论后一致同意，将学校改造成供当地高龄老人使用的福利设施，由阿武福祉会负责协调和运营。阿武福祉会在建设过程中采纳了当地居民的建议，增加了地区居民交流的功能。最终于 2010 年 4 月建成了融社区交流和高龄老人照顾功能为一体的综合性福利设施，并命名为向阳村。

向阳村成立后随即成为当地居民的集会场所，改变了原有"高龄老人照料中心"的传统交流模式，从受照顾者和社区之间的单一交流，扩展到社区内居民之间的广泛交流。例如，向阳村每年 9 月会在各社区举办敬老会，让进入照料中心的老人回到原来的社区参加敬老会。不仅如此，阿武福祉会还组织老人们参加社区的夏日祭典等节日活动，鼓励入住养老照顾机构的老人积极面对生活，主动与其他居民进行交流。同时，阿武福祉会还在机构内组织了体操、合唱等活动，以丰富高龄老人的生活，也能促进当地热心居民和老人之间建立情感联系，帮助老人排解孤独感和疏离感，使其主动参与社区发展。① 通过这些活动安排，阿武町地区抗逆力的内固性得以提升和加强。

此外，地方志愿者团体也积极参与到向阳村的活动中。周边社区的志愿者协会和社会福祉协议会负责向阳村的卫生打扫、杂草割除、祭祀活动等事务，并与高龄老人在各类活动中建立起深厚的友情，提升了社会联结性。

---

① 三島幸子、中川麻衣、中園真人、山本幸子（2012)「廃校を活用した『地域交流・高齢者福祉複合施設ひだまりの里』の空間構成と利用形態：山口県阿武町における高齢者福祉施設のネットワーク構築に関する研究そのら」，日本建築学会中国支部研究報告集(35)，529－532.

这些活动促进了居民间交流，培养了其解决问题的能力，使其最终克服生活中的困难，实现了自身能力和社区的共同发展。这些都构成了阿武町反过疏化的社会基础。准确地说，向阳村的社会工作机构积极开展储备和动员社区物质和人力资源的实践活动，但这些都基于社会工作者能够成功发掘过疏地区的原有优势，进而培育当地居民克服困境的能力。

上述两个地区都将高龄老人照料作为反过疏化工作的重要内容。相比之下，神奈川县的社会工作机构进和学园则略有不同。进和学园位于神奈川县平冢市，创立于 1958 年，是一家老牌社会工作服务机构。该机构创立之初的目的是为 30 余名存在智力障碍的孩子提供居所和治疗场所。其在 60 多年的发展过程中，逐渐拓展成围绕残疾人和精神障碍患者提供治疗、情感支持、技术教学等社会服务的综合性大型福利机构。相较于其他地区的社会工作而言，进和学园的服务内容更为丰富。截至 2016 年，进和学园设有 8 个事业分部、12 个"集团之家"、1 个综合咨询支援窗口、3 个幼儿园和保育机构。可以说，进和学园基本上解决了过疏问题给当地带来的负面影响，为幼儿和残疾人士等需要照顾的群体提供了照顾场所，提升了社区的整体功能。经过多年工作经验的积累，进和学园不仅对平冢市的残障人士提供照顾服务，还通过挖掘资源的方式开展资源链接（与汽车制造厂商、地区农户的合作），并以此为基础开展了更高层次的反过疏化活动。

总之，正如一个人在受伤后疗愈一样，一个地区遭受过疏化危机变得衰败之后，培育社区抗逆力的第一要务是从困境中实现"自我愈合"，即社区借助社会工作机构等外部力量，对其内部原有的人力资源、社会网络、居民组织进行修复。换言之，社会工作机构通过夯实社区内部的居民生活需求、人际交流、公共活动等社会基础，并对弱势群体的各类需求进行快速反应，基本实现了社区抗逆力的孕育过程，为其深入发展奠定了基础。

4. “六次产业化”理念激发储备性和资源动员性抗逆力阶段

在一个地区社会基础基本得以愈合之后，日本社会工作机构为了配合政府过疏化对策的优势视角转型，聚焦于农村内部自身所具有的抵御风险的储备性资源，以及应对过疏化过程中可以调节的资源总量。这种储备性资源同样被嵌入农村发展的结构性变迁中。为此，我们有必要提及标志着日本农业发展新方向的“六次产业化”理念。

一方面，“六次产业化”成为日本农村整体发展的新理念。20 世纪 90 年代中期，日本农业协会综合研究所所长今村奈良臣通过长期的追踪研究发现，生产农产品的农民仅仅负责了整条生产产业链上最初始的一环。农村以外地区则垄断了能够产出较高附加值的生产、加工和流通销售环节，导致农产品的增值收益不能直接促进农民增收和农村发展。因此，今村奈良臣提出“六次产业化”的概念来解决这一困境。他提出公式“第一产业×第二产业×第三产业＝六次产业”，强调加强农业（第一产业）、加工（第二产业）和销售信息（第三产业）各部门的合作，增加产业附加值和农民收入，进一步提高基础性农业产业收益。农村产业通过产业间合作扩大产业范围，除了农业生产本身外，农产品加工、销售流通、绿色旅游等方面的岗位需求都不断增加，在助力农民增收的同时，还可以促进六次产业的扩大再生产。“六次产业化”的基本内容包括：① 通过提供消费者喜爱的产品，切实保障销路的拓展，增加农民收入，提高农民就业率，最终恢复农渔村的活力；② 加工、销售各种农畜产品（包括林木产业），以安心、安全、健康、新鲜、个性等为亮点，提供能让消费者信赖的食品；③ 在农畜产品的生产、加工、制造过程中，加强加工过程的企业化，提高生产率，在竞争激烈的市场条件下确保农民经营收益；④ 努力改善农村地区的宜居环境，开拓城乡交流的渠道，创新绿色旅游模式：⑤ 着眼于农业、农村具备的教育能力，通过农产品的加工和销售、城乡交流，以及前人智慧经验的积淀，将“乡村的生命线”概念嵌入城市居民的生活中，创造城乡交流的新景象。这个具有划时代意义的农业农村发展理念，开辟了农民增收和恢复乡村发展能力的光明前景。

另一方面，社会工作机构在“六次产业化”思潮影响下进行内外联动，积极动员农村社区发展的资源储备。随着“六次产业化”成为农村社区发展极具影响力的发展理念，日本反贫困社会工作自然深受影响。“六次产业化”的作用不仅是刺激农村经济发展，更重要的是通过多样化产业渠道增加就业岗位和发展机会，吸引年轻人留在农村工作，提高其生活水平；社会工作机构同时创造年轻人、老年人在农村安心居住、参与社会的生活空间和公共空间。这些都被视为社区发展的重要储备资源。因此，日本社会工作机构在“六次产业化”理念和强调优势视角的过疏化对策影响下，从资源储备和资源调动的层面，开展了一系列发展性实践活动，激发了农民运用农村地区资源改善生活条件的动力和决心。具体体现在三个方面。

第一，农业“六次产业化”与本土性抗逆力。本土性是“六次产业化”的基本前提，社会工作机构激发社区本土性要素开展丰富多样的活动。例如，高知县汗见川地区的社会工作机构，基于当地农业根基稳定的优势，开展发展性的实践活动，具体内容包括当地农作物特产的制作和贩卖、居民交流、防灾教育、鸟兽侵害防治、生活救助、居民安心安全生活服务等。因此，地域自治能力在汗见川地区应对过疏化问题过程中得以激活。汗见川地区的地区活化推进委员会将2008年以来空置的废校舍改建成供居民活动交流的“清流馆”，其成为旅游景点，吸引了游客前来参观游览，扩大了知名度。同时，“清流馆”也为当地带来了新的产业发展机会，将社区的自然风光优势和人文优势转变为直接的经济效益(文化特色旅游)。除此之外，社会工作机构还联合当地土特产商店设置了汗见川特产角，售卖当地特产(柚子汁、紫苏汁、米酒、清流味噌)，同时在农产品生产和销售方面推出了冰糖(紫苏糖)制作、荞麦种植等项目。社会工作者为了促进学生对当地农作物有一个整体的认识，开展了农产品制作体验项目，鼓励学生参加打荞麦面、制作比萨等活动。此外，社会工作者还拓展了活动范围，开展宣传会推介当地的药物、鹿肉等特产，力图将汗见川打造成“天空之乡”。可见，社会工作机构借由“六次产业化”的本土发展思路，从文旅业和特色农业方面加强物质性资源储备工作，又通过文化参与活动，助力人力和文化资源储备。

第二，农业“六次产业化”与外援性抗逆力。安芸市东川地区的温馨联络中心重视与学校合作，开展了大量和学生相关的服务活动。安芸市位于高知县东部，是日本著名的柚子、茶叶、稻米产区。其中，东川地区老龄化率高达74.5％。该地区的集落活动中心前身是东山公民馆，现由当地居民组织和地区活化协议会共同管理。活动内容包括生活服务、健康讲座、锻炼活动(健康沙龙、体操等)、鸟兽侵害防治、观光旅游(柚子、茶叶收获体验活动)、农林水产品的制作和贩卖(柚子等农作物销售渠道的拓展)等。高知县立大学积极配合当地的福利团体和政府，针对老人需求和传统活动(狮子舞等)的继承状况进行调研。大学生在调研过程中发现很多能够在本地开展社区活动的方向，因而与地方政府和福利团体开展了大量促进地方发展的活动。例如，大学生与当地出身的歌手合作创作了宣传歌曲。2016年，高知短期大学和高知县立大学还组成了援农队，积极宣传东川地区特产入河内萝卜，通过现场烹饪等方式展现出入河内萝卜的独特口感。当地农户在学生援农队的帮助下在一天内就完成了预定的销售额。在当地农户从种植到收获再到贩卖的整个过程中，大学生已成为不可或缺的力量。此事经媒体报道后引起广泛关注，成功实现了维护东川地区农业发展的既定目标。可以说，东川地区的社会工作机构在培育过疏地区居民自治力过程中呈现出"外缘性"特点，他们与当地高校积极合作，共同构建出紧密的地区交流和抗逆力网络，将过疏化问题化解于更为广阔的社会体系之中，为构建过疏化整体应对体系奠定了基础。

第三，农业"六次产业化"与技术性抗逆力。随着六次产业化内在要求的农业技术化和效率化成为农业发展的趋势，现代农业技术因而成为当地动员科技资源应对人口减少风险的重要手段。宇生贺地区是运用各项技术激发社区抗逆力的典型案例。该地区位于阿武町的中部，四面环山，海拔接近400米。宇生贺地区主要是盆地地形，新生代时期因火山爆发形成了堰塞湖，湖的四周分布有四个村落（伊豆、三和、上万、黑川）。2014年，宇生贺地区总人口老龄化率为50.7%。农业是主要产业，主要农产品有水稻、大豆、西瓜、白菜、菠菜等。[①] 尽管当地传统种植业十分发达，但是由于人口持续流出，造成农业发展几乎无以为继。当地政府于1995年通过了农业改革

① 田中きよむ(2018)『小さな拠点を軸とする共生型地域づくり——地方消滅論を超えて』晃洋書房.

方案，由政府和农业法人组织共同推进农业用地整治项目，但其中不乏诸多伴生问题。例如，地区农业今后的发展方向、当地劳动力老龄化、整体高龄化、农业用地整治后的接手者、农业用地整治工作贷款偿还等。当地居民一致认为，这些问题必须通过居民自治组织来解决。1996 年，当地成功建立了名为“树根乡”的居民农业自治组织。该组织经过法人化、体制化的改革后，形成了集农业生产法人、社会工作机构、农民群体于一身的农业组织法人。① “树根乡”的名称来源于一个故事。当地农民在水田中挖出几根神代杉树根。据说这些神代杉的树干是奈良东大寺木料来源，其树根也因此成名，于是有树根乡之名。在实际的农业生产中，树根乡充分发挥了宇生贺地区居民的力量和智慧，积极采用现代农业科技助力农业发展。首先，该组织对农业用地进行分类调整，基于当地农地难以机械耕作的过湿田块的状况，统一安排农户出地，动员劳动力集体耕作。树根乡还通过机器控制和 GPS 导航，促使新手也能较快上手进行种植。同时新技术也可以为当地种植业注入新鲜血液，促使当地农业发展再次焕发活力。其次，该组织吸取农民的意见改种水稻和大豆，取得了较好的成效。最后，水稻和大豆的高产带来的闲置劳动力又在该组织指导下种植菠菜、白菜、西瓜等农作物。最终，宇生贺地区于 2010 年获得了农林水产省大臣颁发的“丰收村庄”奖。由此可见，技术层面上激发的储备性是培育抗逆力行之有效的方式。

除了技术方面，树根乡还将当地女性组织起来从事生产劳动和公共事

① 田中きよむ（2018）『小さな拠点を軸とする共生型地域づくり——地方消滅論を超えて』晃洋書房.

务管理，提高公共参与能力。典型案例是宇生贺地区的“四叶草”女性团体。四叶草是由当地四个村庄（伊豆、三和、上万、黑川）的妇女组成的联合会。该联合会负责组织当地的妇女从事生产活动、加工活动、环境保护、居民交流等四项活动，因而得名“四叶草”。在生产方面，该联合会配合农业协会以早市等方式售卖自己种植的蔬菜（定期将自己种植的放心蔬菜送到当地老年人福利中心等）。在加工方面，联合会组织女性居民采用树根乡原产大豆来制作豆腐，并将部分豆腐产品送到当地全体居民家中。这一行为不仅能让居民吃到豆腐，同时还能到高龄老人家进行家访，了解老人的身体健康情况，有效促进当地居民之间的交流。在环境方面，联合会致力于整个地区村庄的花坛和花道栽种维护工作。2006 年，四叶草联合会获得了“花满山村”运动“山口县知事特别奖”。在交流方面，联合会策划实施了名为“绿色旅游”的旅游交流项目。当地每年 10 月举行名为“收获祭”的大型祭祀活动，吸引了大量外来游客前来观光。四叶草作为协办单位积极参与其中。由此可见，四叶草联合会这类地区组织是地域抗逆力培育过程中不可多得的社会资源。当地的社会工作机构正是依靠这类社会组织和居民自治组织，才能更有效地发动居民参与建设过疏地区。

社会工作机构在“六次产业化”思潮影响下进行“内外联动”，前文提及的进和学园也是内外联动模式的典型。其最大特点在于通过链接多方资源，与汽车制造厂商和当地农户合作，争取为在机构内受照料的、有工作能力者提供工作岗位和创造交流机会。例如，进和学园与本田科技研发工业株式会社合作，为学园内接受照顾的有余力者提供岗位，从事力所能及的汽车零部件组装工作。这一合作既为工厂解决了劳动力问题，又为当地居民提供了工作岗位，还为本地区和其他地区的沟通创造了条件。此外，进和学园还积极挖掘当地内生资源，抓住当地西红柿种植产业发展良好带来的机会，积极协调当地农业协会，于2014年开办了进行农产品生产和加工的湘南工坊。其车间工作人员大多是在进和学园受照顾的残障人士，他们经过意向调查和技能培训后被安排上岗，对西红柿进行二次加工，生产出西红柿酱汁等附加产品。可见，湘南工房的设立是社会工作机构实现农村"六次产业化"的重要体现。进和学园自成立以来一直秉持的观念是"每个人都有其独特之光"，从残障人士到残障人士的护理者，再到整个地区的发展，每个主体都从积极的视角来解决问题。社会工作机构在提升地域社会自治能力的过程中，不仅调用了当地居民的力量，还链接外部资源，极大增强了农村地区抵御风险的储备性能力。

第三节　日本反贫困社会工作经验总结与启示

大体而言，过疏化应对问题对于日本来说是一个长期的农村综合性发展工程。50多年的农村反贫困社会工作实践在地域自愈能力和地域自治能力两个阶段中，通过快速动员各类资源、加强农村地区的内固性和储备性，夯实了社会基础，全面提升了农村综合发展能力。这对于同样置身于宏大乡村振兴战略中的中国社会工作而言，也具有非常重要的启示意义。本节主要对日本反贫困社会工作的经验模式及其对中国的重要启示进行梳理和总结。

一、经验总结

如前所述，在日本应对农村过疏化50多年的实践过程中，社会工作机构以社区自愈能力和社区自治能力两大能力的提升为工作目标，做了大量工作，有利于推动过疏地区的反贫困和综合发展工作。其经验有三点。

1. 反贫困社会工作与地域社会政策的嵌入性和互动性，成为乡村振兴的东亚特色

日本反贫困社会工作被视为普惠性社会福利体系的一部分，特别是日本地域福祉体系的有机组成部分。地域福祉是指“为了让某地区的常住居民能够安居乐业，以地域内的居民为主体的自治体，以推行社会福利为目标的从业者等多主体开展的社会福利相关活动，以及互助互惠的居民行为和必要的服务体系”。① 还有学者认为，地域福祉是解决中央层面宏观福利体系覆盖范围之外福利困境的手段和方法。例如，中央政府针对六类弱势群体分别颁布了以《儿童福祉法》《身体障碍者福祉法》《生活保护法》《精神障碍者福祉法》《老人福祉法》《母子与失偶女性福祉法》为代表的“福祉六法”。但是在国家福利体系覆盖范围之外，还存在一些长期隐居于小城镇、农村的外籍新娘和外籍打工女性，这些群体是被中央政府宏观福利政策所忽略的群体。地域福祉政策作为国家社会保障体系的重要补充手段，专门将这些被忽略的群体纳入其中。② 日本反贫困社会工作同时紧密嵌入福祉六法和地域福祉所构建的中央、地区综合福利网络中，也将在偏远山区中的外籍打

① 井村圭壮，今井慶宗(2017)「社会福祉の基本体系（第5版）」，东京：劲草書房.
② 田中きよむ(2018)『小さな拠点を軸とする共生型地域づくり——地方消滅論を超えて』晃洋書房.

工女性、外籍新娘等被忽略的弱势群体作为保护和赋权对象。

2. 优势视角成为社会工作机构培育地域抗逆力的重要视角

总体而言，当日本社会工作者运用优势视角来培育地域抗逆力时，除了分析当地居民的需求外，还对国家有关政策进行了解读。随着时代的变化，日本政府制定的政策越来越体现出民众导向的特点。社会工作者在此过程中对政策进行了合理解读，无论是“一村一品”运动，还是“六次产业化”运动，都能及时对民众的参与积极性进行合理引导。高知县的温馨联络中心案例体现出社会工作机构没有将高龄化视为劣势，反而将高龄老人作为优势资源进行充分发掘，进而提出了“长寿县构建”的独特构想。进和学园建立湘南工房的案例也可以体现出，尽管残障人士的身心障碍对自身和地区来说，客观上是一个明显的负面因素，但社会工作者却从优势视角出发，为残障人士安排合适的工作岗位，使其成功实现自我价值，同时为乡村发展作出了卓越贡献。

3. 超越城乡的反贫困社会工作与地域社会发展

从某种程度上讲，第二次世界大战后日本反贫困社会工作是在应对过疏化风险过程中得以推进的，一直被政府纳入风险管理体系中，成为过疏化对策的重要内容。从风险的角度来讲，社区抗逆力框架中的内固性、储备性、资源动员性、快速性等基本要素，都分别体现于日本反过疏化社会工作实践的地域社会愈合和地域社会自治两个阶段。此外，日本早在经济高速增长时期的20世纪60年代就颁布了《山村振兴法》，从法律制度上彻底解决城乡分割难题，逐渐形成了城乡一体化格局。因此，日本政界和学界很少单独用“城市”或者“农村”来冠名政策和学科，而是用强调城乡一体化的“地域社会”。更深层次的原因在于，政界和学界运用欧美传统的城乡二元分立的范式，难以覆盖人口流动性极为复杂的日本地域现象；单纯从农村社会工作或者城市社会工作的学科角度，难以对城市过密化和农村过疏化的一体两面式现象进行解释。“地域社会”概念强调城市与乡村互动的关联性，突出城乡在动态变化过程中的统合性和整合性，两者不能分割开来分析。① 日本社会工作也将地域社会作为认知和实践的基本单元，强调运用更加整体性、一体性、综合性、动态性的视角，来看待始于农村后拓展为小城镇的过疏化问题。近 20 年的日本反贫困社会工作始终体现出城乡的联结性，加强乡村农产品与城市消费者的对接合作。尤其是“六次产业化”，更加强调第一产业的内在生产性与第三产业的城市消费性之间的配合与联动。农村地区发展的主要问题转移到了城市消费者需求方面。因此，社会工作者将刺激农村内生和刺激城市外需进行有机结合，通过各种渠道宣传过疏地区的农产品和文化产品，将城乡紧密联系在一起。前文提及的日本湘南工房的番茄汁制作加工和售卖，都离不开社会工作者和城市的大学和研究机构的合作，包括对农村资源的深度开拓。

二、对于中国反贫困社会工作的启示

过疏化对于日本来说是一个具有现实迫切性与长期持续性双重属性的综合性问题。在脱贫攻坚和乡村振兴的背景下，中国反贫困社会工作也同样面临综合性的农村发展问题。这一整体性战略并非社会工作单一主体就

① 田毅鹏：《地域社会学：何以可能？何以可为？——以战后日本城乡“过密—过疏”问题研究为中心》，《社会学研究》2012 年第 5 期。

能完成的，而应嵌入农村发展政策制度中，形成集制度性、整体性、持续性、链接性、联动性于一身的农村综合发展政策体系。总体而言，日本反贫困社会工作的启示表现在以下几个方面。

1. 在社会工作的政策性方面，要加强社会工作与社会福利政策的一体化建设

发达国家的社会工作发展有一个不证自明的制度性前提，即社会工作是普适性社会福利体系的组成部分。因此，社会工作实践发展首先要有社会政策思维，要建立覆盖全体民众的普惠性社会的福利政策基础，社会工作实践也会反过来推动社会福利政策的创新发展。日本反贫困社会工作发展的基础在于政策先行。日本政府为了应对农村过疏化风险，制定了强调社会自愈和社会自治的普适性地域综合福利政策。社会工作的制度安排和实践行动也被嵌入其中。因此，社会工作自然也包含过疏化对策强调的优势视角、社会自愈、社会自治等理念。二者在结构和行动上都保持一体性。

较之于日本，中国的社会工作也有其鲜明的本土特色。近 15 年内，国内的社会工作机构活跃于脱贫攻坚和乡村振兴领域，积极推动农村经济社会发展和公共性重建。同时，反贫困社会工作实践也在范式上逐渐形成了中国特色的“社区为本整合社会工作”本土化模式。该模式强调“不是简单采取相互割裂的临床的个案、小组、社区社会工作等方法提供社区服务，而是围绕社区重建的目标和计划，整合运用社区个案、家庭、小组、社区活动、资源链接等社区组织与能力建设的工作模式，推动社区的可持续发展”。[①] 该

① 张和清、杨锡聪等：《社区为本的整合社会工作实践：理论、实务与绿耕经验》，社会科学文献出版社，2016，第 30 页。

范式转变标志着中国社会工作的本土化目标从个体化的临床社会工作转向地域整体性的社会发展，出现了著名的“绿耕模式”“巢状市场小农扶贫”“减贫社会工作”等反贫困社会工作的本土化实践模式。[①] 这些本土模式强调激活农村的经济社会文化潜能，推进农村社会的整体性发展，为推动脱贫攻坚和乡村振兴作出了独特的贡献。然而，中国的社会工作机构仍然存在进一步发展的空间。相较于日本的社会工作，中国反贫困社会工作的创新性实践似乎更像“独行侠”式的“行侠仗义”，嵌入社会政策或福利体系的程度有待提高。因此，与制度政策联系不紧密的社会工作在实践过程中还要突破一些壁垒，大大增加了机会成本。各类典型模式看起来也像社会组织单独开展的社会实验，往往具有个别性和临时性，而非国家制度层面的整体性社会福利行为。最近，中国社会工作界日益意识到这种不足，强调社会工作与社会福利政策发展一体性的重要性。例如，王思斌强调社会工作融入社会福利建设的必要性。他认为，2018 年民政部新增养老服务司、儿童福利司、慈善事业促进和社会工作司，是我国社会福利和社会工作事业一体化发展的一个新契机。此举打破了社会保障与社会福利事业分别由劳动部门和民政部门负责的分割结构，扩大了民政部的社会政策和社会福利功能，有助于建立统一的普惠社会福利体系。社会工作是直接融入社会福利体系建设中的。[②] 这一新趋势将会逐步克服以往国内社会工作缺乏统一社会福利体系

① 张和清、闫红红、尚静：《社区为本的农村社会工作实务模式探索——国内外农村社会工作研究文献的综述》，《学海》2019 年第 2 期；叶敬忠、贺聪志：《基于小农户生产的扶贫实践与理论探索——以“巢状市场小农扶贫试验”为例》，《中国社会科学》2019 年第 2 期；向德平、华汛子、金旖：《视角转换与方式创新：减贫社会工作的本土实践》，《社会工作与管理》2017 年第 6 期。

② 王思斌：《社会福利与社会工作发展的新契机》，《中国社会工作》2019 年第 7 期。

依托的残补式功能困境。因为不遵循社会福利政策体系整体发展要求和规律的社会工作，只能是查缺补漏式的个别性工作，缺乏长期性和合法权威性。然而，社会工作发展只有新契机还远远不够，日本的地域福祉还启示我们，需要建立中央和地方互补式的普惠性社会福利政策体系。一方面，中央政府要发挥在社会福利体系中动员配置资源、推动政策的宏观行政导向作用，在顶层设计层面以法律的形式规定老弱病残妇等常规弱势群体所必须获得的福利服务；另一方面，地方政府也要建立针对当地特殊弱势群体、开展福利服务的地方性社会福利政策，对于社会福利保障范围之外的外籍居民的生存条件予以关注，形成更为全面的地方性福利体系。社会工作应成为此类“央、地互补型社会福利政策体系”的有机组成部分，作为此类普惠福利政策的重要转换手段和组织形式。为此，若有此类系统性和综合性社会福利体系的制度前提，我们相信中国本土特色的“社区为本整合社会工作”在调动社区内外各类资源方面，政策与社会工作机构的实践行动更能相得益彰，共同提升当地社区居民的福利水平，推动农村地区的可持续发展。

2. 重视社会工作的抗逆性思维和超越城乡的地域性认识

日本过疏化风险成为20世纪70年代以后反贫困社会工作发展的重要契机。无独有偶，中国在改革开放以后也面临着农村人口减少和农村公共服务体系萎缩的社会风险，脱贫攻坚和乡村振兴战略应运而生。故而在此背景下开展的反贫困社会工作实践应自觉以抗风险的抗逆力思维，开展强调地域社会愈合与地域社会自治相结合的社会工作实践。此外，地域社会的概念也启示我们不能再将城乡对立起来思考。特别是党的十八大正式提出了建立健全有利于城乡要素合理配置、合理流动的“城乡一体化”和“城乡融合"理念。因此,2020年以后的减贫时代,乡村振兴战略不再单纯局限于农村产业发展方面,而是在"城乡一体化"的整体性、互动性、动态性框架中进行推动。中国社会工作的视野也因此自觉以城乡一体化的"地域社会"作为基本的理论和实践框架,其作为普惠性社会福利的重要部分,具有促进专业服务可持续发展的制度基础。

3. 注重对象精准性和内外联动性,加强社会工作的整合性

近年来,国内社会工作界一直在强调超越临床性的社会发展整合性取向,但是,社会工作者角色的整合性同等重要。首先,社会工作者要成为资源的挖掘者、居民信心的建立者、居民需求的传达者,以及地方政策的解读者,这些角色身份不是孤立存在的,而是合而为一集中体现在"地域社会福利提供者"的角色中。其次,服务对象的精准性也体现出社会工作的整合性。服务对象不仅局限于老年人、儿童、妇女、残疾人等常见弱势群体,而且扩展到社会福利保障范围之外的外国籍居民,从而形成更为全面的地方性福利体系。最后,社区内外联动也体现出整合性。社会工作专业除了与地方民政事务相结合之外,还要与地方产业结构调整相结合。在日本的"六次产业化"过程中,社会工作在需求传递、组织协调、政策宣传方面均发挥了重要作用。这对于我国农村社会工作开展乡村振兴、区域经济社会协同发展都具有十分重要的启示意义。

第六章　韩国贫困城中村重建的社区抗逆力与反贫困社会工作

21世纪以降，随着中国城镇化的快速发展，城乡接合部形成的城中村因其住房条件差、居民收入低等特点，日益成为棚户区改造和社会治理的重要对象。自2008年全国掀起棚户区全面拆迁以来，老旧的城中村很快被现代化小区所替代。但是此类工程后续的回迁房基础设施不同步，众多社区被物业弃管，再加上以前的居民回迁上楼后生活成本增加，公共参与程度低下，社区认同感大幅降低，再加上低廉租金吸引了大量外来打工人员散落在其他未被拆迁的城乡接合部，形成了新的“棚户区”。可见，老旧城中村的“拆迁”并不等于“重生”。社区重建的关键在于空间改造背后的居民组织性和主体性如何被激活和动员的问题。

无独有偶，中国的邻国韩国早在20世纪90年代也曾掀起过类似的棚户区拆迁大潮，政府后来经过反思逐渐取消“推土机式”的城市开发模式，大量采用原貌翻新与社区重建相结合的方式，推动城中村的可持续发展。20世纪70年代，正值韩国经济高速增长时期，大量农村青壮劳力涌向城市，但没有正规的容身住处。早期流动人口在城郊山下搭建板房形成聚居区。久而久之，第二批、第三批的农村人口在山下棚户区基础上，顺山势搭建临时住房直到山顶。韩国人认为这些沿山势往上兴建的城中村建得越来越高，高到居民都能伸手够到月亮了，故戏称其为月亮村。位于韩国釜山市沙下区的甘川村就是这类依山而建的典型"月亮村"。在近20年的城市开发过程中，甘川村并未被拆掉，而是被人们星星点点地涂上蓝色、草绿色、黄色等颜色，形成色彩错落有致的"彩屋部落"。甘川村在2015年被推选为韩国100条著名旅游线路之一，2017年被《纽约时报》选为世界上必去的53个景点之一。因此游客数量激增，2015年有130万人，2018年超过250万人，成为著名观光地。① 时间如果回溯到21世纪初，甘川村在空间上尚处于釜山市的边缘地带，交通设施不足，居民收入低，被视为釜山著名的贫民区。尽管其他地区在飞速发展，房价不断增长，甘川村仍然是一个经济停滞、青壮劳动力迁出、老龄化严重的社区。2010年以后，甘川村的居民没有走其他城中村"拆迁回迁"的改造老路，而是积极与政府、社会工作组织合作，从生活艺术的角度动员艺术志愿者绘制墙画，完善社区基础设施，形成生态共同体，体现出外观生态上的复原力。同时，该社区为了提升社区共同体精神，从内部推动居民组织化，形成社区商会、协同组合等经济、社会、文化的共同体，助力民宿、旅游业和社区商业的发展。因此，研究者如要深入分析此类社区的抗逆力，则要强调原来不具有恢复能力的社区经过外部和内部的物理性和

① 该数字是本章作者之一的韩国釜庆大学芮东根教授依据甘川村入口的无人计数器的数据计算得出。

化学性作用，形成一种社区抗逆力。社区抗逆力的形成是社区作为一种生态共同体发挥作用，具有内生的恢复力和持续力。从此意义上看，甘川村重建社区抗逆力的案例体现出创造性、艺术性、包容性等新特点，对于中国反贫困社会工作转变理论和实践范式具有重要的启示意义。

第一节　抗逆力的认识转换与生态复原

一、关于贫困与复原的认识转换

甘川村毗邻釜山城区，是一个典型的城中村。该地区被天马山和峨眉山[①]拦腰阻断，被人们视为大城市的边远地区。20 世纪 50 年代，当时新兴宗教太极道信徒 4 000 余人在甘川村搭建 800 多间棚屋形成集体性聚落。来自韩国忠清北道槐山等地的太极道信徒迁徙于此，形成现在的甘川 2 洞（洞相当于中国的街道）。20 世纪 60—70 年代，居民用水泥空心砖改造木板棚屋，新村运动开始后，居民在房顶搭建石板房居住至今。20 世纪 70 年代后，釜山地区的工业化飞速发展，大量农村青壮劳力进城打工。打工者们将低价的甘川作为临时住处，后又不得不长期居住，逐渐形成了滋生贫困的城中村。尽管太极道信仰性社区的传统和地理上的封闭性维持着本土居民之间的交往互动，但是到了 20 世纪 90 年代后期，持续的人口减少和老龄化使得此地陷入贫困化和空心化的困境。居民们迫切希望开发改造。但几次改造计划都因开发收益低下被搁浅，进而加剧了社区的衰败，导致该社区的人口数量下降。总数 4 500 套的房屋中，空置或废弃的数量高达 300 套，社区空

---

① 韩国釜山地区也有相同汉字写法的“峨眉山”。

心化问题严重,发展的内部动力日益枯竭,只能借助外部力量使其产生新的变化。① 特别是釜山狭窄山地靠海的地形使得宅地严重不足,居民们即使紧邻城中心,也只能围绕山脚坡地搭建板房居住。这类山地社区具有杂乱无章的不良住宅区域的特点,四五十年过去后房屋严重老化,居住环境问题重重。此外,甘川村的居住环境因其作为群体性聚落社区而具有鲜明的历史性。村内沿山势还保留有房前的前街和屋后的后巷,所有房屋面积均为 10 平方米,如军营般错落有致。然而,甘川村尽管存在不良住宅,但从历史文化层面来看,其本身不乏丰富的内生抗逆性和创新性。首先,甘川村具有历史性,作为历史遗迹原原本本保留了最初原貌;其次,宽度为 50 厘米的迷宫般蜿蜒曲折的小胡同拥有独特的空间结构,以及朝向四方无限延伸使邻里相连的生活空间,极具历史的现场感和文化价值;最后,柔色的特殊阶梯式聚落形成独特的风景线,特别是夜晚的万家灯火烁烁发光,故而有"金色小镇"之称。②

甘川村除了有观海的眺望地带外,自然风景也是其优势所在。该地区不是工业开发区,处在半山腰,空气清新,成为釜山市为数不多的保存乡村共同体文化的城中村。整个城市只剩下这一抹绿色景观和乡土文化。这些是优势资源还是负担累赘,居民们曾经对此争论不休。20 世纪 90 年代初期,市政府和房地产商将这里作为待开发区域;渴望搬迁的居民希望通过拆迁改造而过上中产阶层的生活,希望社区被划为观景圈地带进行拆迁改造;房地产开发商则希望借拆迁赚得盆满钵满。釜山最初也采用这种开发改造模式。例如,富山市龙湖洞麻风病人村拆迁工程是釜山棚户区改造的典型

① 오재환,임호. 부산의 문화지표연구. 부산발전연구원,2013.

② 박현희,"낙후된 산동네가 한국의 대표적 문화마을로,부산시사하구감천문화마을,"국토,2013,Vol. 56,No. 11.

代表。房地产开发商在短时间内拆除破旧的平房，原地修建了大量公寓房小区，在此可以环视釜山五六岛的美丽海滩。从此，麻风病村的贫困痕迹了无踪影。然而，甘川村是一个例外，没有走“拆迁”的老路。釜山市政府经历了2008年金融危机后，大规模的拆迁资金捉襟见肘。鉴于此，釜山的民间艺术家和社会团体以“散步小径文化复兴”的创想为起点，结合欧洲和南美世界文化遗产的原貌恢复模式，以居民生活、儿童童话等为主题，在小屋墙上和区内小路上进行涂色绘画，打造出全新的“山景居住地”，并相继推进相关的各类项目和活动。保持原貌的甘川村小屋体现出房中景、景中房、房景合一的特色。艺术家和社会组织认识到甘川村原貌是一种百姓生活的文化遗产，便继续挖掘社区再生的可能性。于是艺术家们开始大规模聚居于甘川村，通过创造文化村的“生活记忆遗产”，将其打造成充满创造性的文化艺术村。

二、生态复原和文化复原过程

进入21世纪后，釜山市搁置了无数个拆迁改造项目，开始青睐于创造性都市的发展范式，大力支持甘川村再生项目。2001年，釜山有130处待改造地区，2009年增加到487处。传统的贫困社区拆迁项目似乎陷入了恶性循环，即地区越被荒废，政府越要促进房地产开发以增加公寓楼供给，但是居民不具有购买能力。因此，被搁置多年的破败居住地反而让人们认识到历史维度的时间和空间维度的重要性。幸运的是，以社区共同体为中心的社区营造被视为一种新范式，意味着在社区特点和认同感、地区资源保护层面都体现出创新观点，重新让人们看到破败地区的价值。[①] 因此，这种在贫困

① 이정헌,창조도시 부산,전략과 과제,부산발전연구원, 2011.

社区原貌景观基础上进行更新和创造的改善性工作是一种生态复原的认知转换，实际上也是一种社区抗逆力视角。人们运用艺术和文化的手段来改造空闲空间等硬件资源，同时营造出开放、包容、国际化的文化环境，重新创造出社区文化，具体体现在两个方面。其一，在物理空间方面，社区景观被改造成从每家每户都可以眺望的斜坡地形，保留了四通八达的胡同小路。这些被人们视为充满魅力的社区资产。在社会空间方面，人们将空闲空间进行再改造，成立社区联络中心、社区美食店（社区企业）、社区梦想树中心、艺术商店、咖啡厅、照片展示馆、博物馆等社会文化空间。其二，在软件方面，政府实施民众满意的多种文化支持项目，开展丰富多样的文化艺术活动。因此，文化艺术活动及其衍生物可被视为社区的软性资源。政府的艺术文化项目进入社区，日常生活与市场相结合完成社区的重建。难能可贵的是，在生活文化很难融入现代商品社会的背景下，多样化的艺术文化项目还能扎根在甘川村居民的日常生活中，并有方兴未艾之势。此外，甘川村开展的城中村村落营造体验、社区教育项目、社区节日等文化活动促使社区生活变得丰富多彩。

第二节　制度创新与社区组织变迁

一般而言，物质和社会资源匮乏是社区社会活力低下的主要原因。甘川村居民也有类似的看法，与市政府和社会组织一样关注城市再生问题。城市再生的关键在于居民积极主动给社区带来新活力的程度。众所周知，甘川村人口外迁严重，人口老龄化程度也日益深化。但是甘川村自身有其化解之道。在长期的抗逆过程中,甘川村和外部主体逐渐形成了“居民—专家—政府”协作型治理模式,积极引入人才,进行组织变革,在现有的人口结构基础上培育出一个全新的社区经济社会系统。甘川村的重建始于自然景观和文化活力的恢复,引入的艺术家和政府专家在初期发挥了主导作用。从2008年起,市政府开始招标社区营造项目,艺术家在社区景观变化方面发挥了重要作用。但刚开始并非一帆风顺。大多数居民纷纷抱怨社区营造项目设立的造型与社区的历史和文化不匹配。例如,社区营造项目将法国动画片《小王子》中的人物形象作为甘川村的卡通代言形象,招致居民非议。2019年,吸引250万游客来此的“小王子”卡通形象仍然被当地居民和商人联合会拒斥,部分艺术家和当地居民尚未完全达成共识。为此,政府实施一揽子政策促进艺术家与当地居民进行融合,资助开展长期驻村型艺术家工坊项目。市政府购置和装修社区闲置房间,免费让有长住打算的艺术家使用和居住。但效果不甚理想,取而代之的是让艺术家积极参与改善社区环境的志愿活动。艺术家工坊免费向游客开放,游客可以体验各种制作环节。总之,尽管外来的艺术文化试图植入甘川村,但当地居民和外来艺术家之间仍然在认识上和对社区未来展望上存在差异。当地居民希望建设一个能够稳定安居的社区,政府和民间团体的设想是建设成一个自主开放的文化旅游景点。因此,这种矛盾需要人们重新理性思考社区的未来,这样才能得以解决。

甘川村所属的沙下区一直致力于动员行政资源保存和维护甘川村的空间原貌。2015年,甘川村的游客与往年相比增加了30万人,商铺和住宅开始扩容,建筑物纷纷加层,严重破坏了社区的空间原貌。沙下区因而在2015

年 4 月制定了《甘川村地区单位企划区域方案》，实施景观原貌恢复工程。2017 年，釜山市颁布了有关条例实施景观破坏源头追查制度，对建筑物的高度、建筑密度、容积率、围墙、大门、牌匾等的色彩、设计、字形等方面都有严格规定，为甘川村的历史和文化资源保护奠定了制度基础。此外，居民、社会组织和政府开始一起制定甘川村的可持续发展计划，大学教授等专家也参与其中一起探索发展方向，并制定各种促进社区发展的条例。2010 年，甘川村建立了居民协议会，该协议会在社区发展中发挥着核心作用。初期由居民、艺术家、公务员等 12 人组成，2012 年发展到 120 人，2020 年维持在 120 人的规模。[①] 尽管后来有更多的居民积极申请入会，但为了快速形成合理的意见，协议会人数控制在 170 人以内。这里的居民不只是当地原有的居民，还包括“自发的民间行政机构”。实际上该协议会是一个决策性组织，能够积极招纳愿意居住在社区并对社区发展发挥作用的外来居民。该组织决定了社区发展方向，还能组建形成工会，促进社区经济发展。

事实上，政府在居民协议会的形成过程中发挥了重要作用。政府积极制定釜山市发展规划，实施“散步道路文化复兴”项目，成立了名为“创造性城市企划团”的专职部门来负责甘川村有关城市重建事宜。这些都为政府促进甘川村重建奠定了重要的组织和制度基础。政府机构积极实施的包容性政策促使才华横溢的艺术家变为社区活动家，开展为社区公共性代言的各种活动。如果一个艺术家没有积极开展社区活动，就不能起到联结政府和居民的中介作用。2010 年，甘川村中标获得一个文旅项目，实施社区胡同

① 数据来源于 2020 年 3 月 17 日对전순선(音译：全顺善)的访谈资料。

旅游文化开发工程。甘川村在正式开展项目之前就形成了"社会团体—居民—行政机构"联动治理机制,因此很顺利地促成了"散步道路文化复兴"的社区重建项目。2013年3月,居民协议会注册为非营利的社团法人,开展各类公益活动。新组织每年召开一次总会,每月开一次及以上的管理例会,收集居民意见,反映社区情况。居民协议会还与当地居民一起组成志愿服务团,积极开展修缮房屋、义务讲解社区历史等活动,充分体现了社区活力。同时,游客访问数量激增,盘活了社区商业。为此,居民协议会新设胡同商人会,负责游客接待和周边环境保护等内容,为居民自治促进社区发展做出了贡献。

总之,社区的组织和制度创新是社区可持续发展的核心内容。原本社区自身的封闭性文化和涣散的组织性,难以单独应对老龄化和人口外流困境。值得注意的是,社区重建也需要将外部的开放性文化和艺术植入,政府要动员专家开展复杂的重建工作,再加上社区内部的组织创新,诸多因素共同成为盘活社区经济和重建社区的源头活水,最终促使甘川村重建成功。

第三节　社区经济的多样性与社会性防御

一般而言,大到整个社会的抗逆力,小到某个社区的复原能力,最为重要的是社区内部经济,这是进一步重建社区精神文化的重要前提。也就是说只有在社区内部形成协同、交换、互惠的精神后,社区才能形成有机的社会互动网络，最终才具有抗逆和恢复的能力。波兰尼(Polanyi)在《大转型：我们时代的政治与经济起源》一书中指出，经济是社会的一部分，市场的自我调节性是毋庸置疑的。但是多种形态的社会组织使得社会不能被市场所支配，因为会出现各种方式的社会性防御。[①] 本章中提及的社会企业、社区企业、协同组合等社区公共性经济组织活动都可被视为社会性防御的具体内容。波兰尼从社会性防御功能的角度认为市场嵌入社会概念中，并视之为社会的二级概念，即社会中的经济。换言之，作为实体意义上的经济，其活动具有社会性价值，多种类型的社会组织会嵌入经济过程中。此外，经济活动中形成的社会联结、社区共同体和道德伦理，其重要性远远大于利润最大化的工具理性追求。

具体到甘川村，其内部的社区企业也是一点一滴发展壮大的。截至2018年，甘川村开设了11家社区企业。有30个工作岗位专门为社区居民而设，利润中每年有2亿韩元(相当于人民币120万元)用于社区居民福利。"大娘饭馆"是甘川村有代表性的社区企业。作为社区重建项目的一部分，饭馆在2014年2月开张，由6名当地居民合伙创业而成。在访谈时，操着浓厚釜山方言的老板沈南姬这样谈及开饭馆的缘由："我啊，在甘川洞生活了57年。姐姐和弟弟在一起合伙开饭馆，一起做菜招待客人，很喜欢其乐融融的气氛。"[②]这家有着"妈妈的味道"的饭馆远近闻名。老板直接从釜山鱼市上采购食材，并按照传统方式加工制作。食客在此可以体验甘川村的饮食文化，也可以体验到慈母之爱。这种小饭馆不是单纯地获取利润，而是让外

---

① K. Polanyi, *The Great Transformation: the Political and Economic Origins of Our Time* (Boston: Beacon Press, 2001).

② 2020年3月17日访谈资料。

人能够体验到甘川村有独特韵味的社区文化。

此外，社区的经济效益也是社区发展的重要内容。甘川村唯一的代表性制造业是土窑盐。当地居民引进技术，雇用工匠，建立社区企业，促进了社区经济发展。甘川村居民协议会于2015年5月成立甘川工坊，专门制造土窑盐。工匠们将全罗南道新安海盐和黄土混合后，放置800℃～850℃的土窑中烧制8小时后，精选出成品来售卖。如今，社区旅游纪念品店和网店都有这种土窑盐销售，每个居民都能获得月均300万韩元的收益。此外，该工坊解决了当地十余位居民的就业问题。值得注意的是，这家工坊的制盐水平不是简单达到社区水平，而是老板从产品策划到生产阶段都十分重视匠人精神和品质的国际化。甘川村的土窑盐已经通过美国FDA食品安全检测，获得ISO900认证。① 这种与社区共生共存的社区经济所具有的创新性和包容性，也使得社区共同体具有抗逆性。此外，经过三代传承的传统制鞋手艺传到制鞋超过40年的工匠安载标手里。他还建立了甘川村展览馆，同时经营一个纪念品店。匠人安载标结合传统文化进一步提升了甘川村的艺术性。传统布鞋不仅是鞋，还是一种艺术，与韩服相得益彰，延续了甘川村的文化，促使经济和艺术得以共生共存。由此可见，社区企业、社区协同组合的经济形态使甘川村的经济资源呈现出良性循环的再分配状态，同时为弱势群体形成社会安全网，发挥了社会保护的作用。笔者访谈时在“青春咖啡厅”里见到了一位70多岁的大娘的笑容。早上她在陶器房里做陶器，下午售卖咖啡和面包，体现出当地居民成功应对老龄化的风采，同时这也是一种非营利性社会经济模式。这里的老人们虽然拿着最低收入，但是一天只

① 감천문화마을황토가마소금 ISO9001 인증획득. 노컷뉴스. 2016-08-01.

工作 3 个小时，同时 21 名老人分工合作，一起分享幸福时光。这种比较自由的就业岗位也是老龄化经济的一个独特之处，也体现出社区经济的交换性、互惠性、合作性等社会化特征。

釜山市为了促使大型超市和社区商业街维持共存关系，推行每月最后一个周末大型超市关门的政策。但是，胡同经济仍然难以为继。特许经营超市和饭店在釜山大街小巷无处不在。值得注意的是，甘川村不允许特许经营进入，仍然完整地保留着社区超市、胡同商业街，并形成一种社区经济的向心力，抵御经济垄断，通过公平分配促进社区居民和睦相处。

此外，社区企业和协同组合将经济利润转换为居民的公共福利。甘川村为了满足身体不便老人洗澡的需求，开设了社区大众浴室，还成立了社区洗衣店，为独居老人免费洗衣。志愿者为低收入群体免费修缮房屋。为了解决居民交通不便问题，社区企业每年投资 830 万韩元新设"幸福大巴"免费接送社区居民。如今甘川村成了国际著名景点。尽管如此，为了维护居民的生活空间，甘川村仍然实行早上 9 点到下午 6 点只在白天营业的"阳光经济"。因为甘川村真正的主体是居住在社区内的居民，他们是经济活动的主体，也是促进社区重建的最核心要素。旅游村庄过度商业化是全世界的普遍现象，虽然能促进当地经济高速发展，但是当地居民易被边缘化，乡土文化会逐渐式微。甘川村的例外之处就在于社会性的防御机制会限制社区经济的过度发展，社区经济在恢复社区共同体的前提下才能体现出自身的发展性和创新性。

第四节　内外结合：共同体的复原

一、社区内部认同感恢复

无论是受灾地区还是贫困地区，其社区抗逆力的复原性都体现在社区精神的恢复上。如果社区共同体的精神消失，共同体成员失去自信心自暴自弃，不管外部力量再怎样用力，也很难推动社区可持续发展。对于大部分贫困社区而言，社区重建应该强调立基于增强社区传统、文化、教育的自信心以及文化参与等方面，这样共同体才能具有抗逆性和复原性。甘川村亦如此。当地居民刚开始时对于这样一个由战争难民聚居形成的贫民区丝毫没有文化的自信心，恨不得早日搬离此地。很多当地居民在访谈过程中都不愿意提及甘川村是自己的出生地。人们以前打出租车到甘川村，司机经常额外加钱，或者直接拒载。这样的情况在以前比比皆是。但如今甘川村通过社区节日展现了自身的社区文化，居民开始形成社区自豪感。甘川村成了著名景点之后，居民从外部的肯定转换为自身对于社区的“自我认同”，居民对社区自身开始产生了恋恋不舍的故乡自豪之情。如今，甘川村在专利厅注册了“甘川村街巷节”商标。从 2011 年开始，“甘川村街巷节”成为在韩国最早使用的街巷节名称。当地居民策划开展了街巷王国游行表演、社区小剧场、街头艺人表演、街头展示会等多种形式的活动。[①] 人们在节日期间能够吃到糖烧饼、鱼饼、韩式炸鸡、面片汤、刀削面等多种街边美食。因此，街巷节成为一个重要的契机，使得社区文化能够在众多的文化娱乐项目

① 부산사하구. 골목축제특허청상표등록. 부산. 경남=뉴스,2017 - 08 - 10.

中大放异彩。换言之，街巷节是一个文化活动，由艺术家和艺术文化组织进行策划，当地居民积极参与共同营造社区文化。此外，当地政府大力支持甘川村，开发出本土社区项目，助力原本不足的社区精神，使其逐渐得以恢复，促进艺术家和当地居民联合起来积极应对社区文化缺失风险。当地居民在互相交流中逐渐形成了社区共同体意识，积极建立本土组织，共同参与社区事宜，激发了社区活力。当然，这一过程并非封闭的内部过程，外部的志愿服务和社会工作机构也在当地恢复社区精神方面发挥了不可忽视的作用。

二、外部社会工作服务与社区共同体复原

庆星大学社会志愿服务团在甘川村街巷节期间开展了倡导环境改善的志愿服务。庆星大学 70 多名学生修理了甘川村敬老院的废旧家具，还开展了更换纱窗、给敬老院屋顶涂色、更换锅炉等活动。此外，他们还在甘川村内部复杂交错的胡同中顺利开展志愿活动，包括胡同内停车、街路向导与维持交通秩序等活动。此类大学生志愿活动经常出现在当地的新闻媒体报道中。[①] 东亚大学、东西大学、庆星大学、釜山大学等釜山地区大学的艺术、建筑、美术、电影、设计等学科的师生们都积极参与到甘川村的活动中。

此外，社会工作服务也是塑造甘川村社区认同感的主要力量。釜山市沙下区社会福祉馆是甘川村社会工作服务的主要提供者。该机构成立于 1992 年 12 月，主要针对贫困社区儿童、未成年未婚母亲等弱势群体，开展“课后儿童保护新苗教室”（1998 年 3 月）、“未成年母亲社会回归咨询室”（2000 年 3 月）、“底层贫困家庭课后儿童保护项目”（2002 年 3 月）等社会工

① 경성대,감천문화마을환경개선봉사. 머니투데이,2017 - 09 - 05.

作介入活动。进入 21 世纪后，服务范围逐渐从贫困社区的特殊群体救助转向整个社区组织的创新与发展。特别是 2014 年后，该机构积极与釜山市各级政府、大企业等外部主体合作，大力开展包括群体福利、地区组织化、地区文化发展等综合性社区共同体营造等福利项目。较为典型的项目有：2014 年 1 月，釜山市资助甘川村开展名为“都市农协”的好社区营造项目；2014 年 7 月，联合釜山社会福祉共同募捐会开展敬老食堂功能强化项目；2015 年 1 月，与三星福利财团合作，通过成立社区儿童乐队开展名为“甘川童谣”的自尊心提升项目；2016 年 1 月，获得姜太元福利财团支持，开展名为“甘川全景”的老年期自我统合与共同体意识项目；2017 年 3 月，与沙下区保健所合作成立社区健康中心；2017 年 4 月，开展沙下区终身学习与跨国婚姻家庭、低收入家庭老人文字阅读教育支持项目；2018 年 2 月，开展名为“儿童宜居社区营造”的居民组织化项目。① 可见，该社区开展的反贫困社会工作体现出精细化服务的特点。

社会工作者不是笼统地将低收入家庭作为介入对象，而是根据低收入家庭的特殊需求进行服务。特别是针对低收入家庭儿童下午放学后独自在家无人看管和无力参加课后补习班的困境，当地社会工作机构特别策划了名为“课后教室与夜间保护”的项目，为该地区的特色服务品牌。该项目主要针对低收入家庭的儿童(一般为小学 1～6 年级的学生)。韩国小学只上半天课，课余时间完全由学生和家长支配。家庭条件好的家长会采取请家教或者报辅导班等方式，让孩子度过课余时间。而低收入家庭的父母负担不

① 釜山市沙下区福祉馆网站：http://www.sahabokji.or.kr/01/03.php，访问日期：2020 年 3 月 24 日。

起高昂的补习费用，只能让孩子独自一人在家。如今韩国家庭的课后辅导教育支出越来越大，意味着低收入家庭的孩子和其他孩子的分化逐渐拉大。这些孩子课后独自在家容易产生不安情绪，甚至身体健康和生命安全无法得到保障。鉴于此，“课后教室”项目主要提供一个中午放学或假期时可以让低收入家庭孩子进行学习和开展娱乐活动的安全场所，并且会免费安排老师或社区服务工作者辅导孩子功课，也会开展丰富多彩的文娱活动。社会工作者每月还会举办一些亲子活动或亲子运动会来改善亲子关系。“夜间保护”项目和“课后教室”项目的形式基本相似，唯一不同的是服务的时间。一般而言，“课后教室”项目一般在下午 6 点左右结束，工作人员不用负责送孩子回家；“夜间保护”项目提供服务的时间更长，一般可以到晚上 10 点，社会工作者负责送孩子回家。后来在此基础上，“夜间保护”项目将课后辅导的范围从课本知识复习拓展到认知能力学习、情感支持和生活技能学习等身心发展方面。例如，从 2015 年开始，社会工作者在每年 3 月开展针对低收入家庭儿童的“梦想开始——妈妈的怀抱辅导项目”。针对低收入家庭儿童放学后无人保护的困境，为了增强儿童的认知能力、提供情感支持和生活技能等方面的教育，沙下区综合社会福利馆招聘生活辅导老师、读书辅导老师、基础学习辅导老师对低收入家庭进行家访。生活辅导老师针对低收入家庭儿童或家长进行每周一次以上的生活指导、儿童日常生活管理与训练教育，并对父母进行儿童教育辅导，每次课程约 2 个小时；读书辅导老师将多种书籍读给孩子听，读后孩子和老师共同分享感受，每周课程至少一次，每次课程约 2 个小时；基础学习辅导老师主要针对孩子的基础学习能力进行持续的指导和锻炼，每周课程至少一次，每次课程约 2 个小时。在老人服务方面，社会工作者不仅关注低收入家庭老年人的健康需求，还将培育老年人社区整体意识作为反贫困的主要内容，结合终身学习与社区共同体营造理念，激活社区文化教育方面的软性资源。换言之，社会工作者通过“文化”将老人汇聚在一起，一边开展老年人组织化活动，一边加强社区文化，形成一种为当地社区量身定做的文化福利和生活福利模式。

近年来，沙下区综合福利馆开展的社会工作项目逐渐呈现出社区社会文化综合发展的新特点。一方面，社会工作者继续开展针对低收入儿童、老年人、未成年母亲、跨国婚姻家庭、外籍流动女性等精细化的福利服务；另一方面，项目强调个性化和科学化的个案管理服务。这些精细化的服务都能与社区组织化发展有机结合，最终形成“福利服务＋个案管理＋社区组织化”三位一体的社区综合发展社工模式。其主要内容体现在以下几个方面：

首先，社区综合功能恢复的社会服务。沙下区福利馆近几年开展的社会服务强调整体恢复、提升家庭和社区的系统功能。如表 6－1 所示，福利馆开展家庭功能强化项目和地域社会保护保障项目，旨在构筑和提升独居家庭的社会支持网络及其保护功能。例如，福利馆重点为甘川洞的七位独居者链接资源，以增强其社会支持网络。地域社会保护项目主要社会工作者指针对当地老人、低收入者、残疾人、慢性病患者等弱势群体，链接日常生活、医疗等各项资源，开展旧房改造、老人食堂、免费医疗服务、老人照顾志愿服务等社会服务，以维护和满足弱势群体的利益和各类需求。

表 6－1　沙下区综合社会福利馆服务类项目

家庭功能强化		
项　　目	内　　容	对　　象
牙山福利财团支援项目"一起寻找的希望"	通过开展街头活动，持续支持中年独居群体	甘川洞中年独居者 7 人
地域社会保护		
经济和居住环境改善	紧急事态支持、社会关系支持、后援品提供与老旧住宅维修、居住环境安全营造	经济困难的当地居民和低收入家庭
供饭、家务、保洁服务	上门理发服务、敬老食堂、60 岁以上缺食老人可在老人福利馆敬老食堂用餐，也可以享受配餐服务	残疾人、慢性病患者等弱势群体和卫生管理困难者
医疗服务	地区医疗资源链接，实行免费医疗服务	当地居民
老人活动支持项目	老人照护、地区社会环境改善服务，福利设施志愿服务	65 岁以上基础养老金领取者

资料来源：http：//www. sahabokji. or. kr/＃.

其次，多元主体合作下的个案管理服务。除了基础性的社区公共服务外，沙下区福祉馆近几年强调个案管理服务的精准性和科学性。一方面，个案管理强调以个别化精准化的方式，针对社区居民开展物质和心理方面的支持服务；另一方面，福祉馆十分强调建立个案管理支持网络体系，与其他主体进行合作，共同为个案管理提供各类资源和能力培训。如表 6－2 所示，福利馆近几年与当地政府教育机构合作，共同为开展学校个案管理构筑物质和制度体系；与当地 12 处教堂长期合作，举行聚会共享信息和资源；与 10 个社会团体联合开展活动，提升个案管理者的能力；与其他福利机构合作，通过募集资金和个案会议来提升沙下区低收入儿童青少年的经济支持水平。多年来，福利馆十分强调与基层政府合作开展促进社区整体发展的各类个案管理项目，在加强行政机构和民间福利机构互动关系的基础上，建立旨在提供个性化福利服务的个案管理与地区支持管理协作体系。此外，“守门员”项目也是一大特色，社会工作者通过居民参与个案管理发现受助者，再依据其具体需求提供精细化的个案服务。

表 6-2　沙下区综合社会福利馆个案管理项目

个案管理网络项目		
项　目	内　容	对　象
学校个案管理网络	学校社会工作者与政府合作，一起构筑地区内个案管理对象的发现与连接、支持体系	地区内学校
教区网络	与天主教会社会福利部门联合，长期举行聚会共享信息和资源	地区内 12 处教堂
社团法人个案管理网络	作为社团分支机构个案管理事业担当者，与社团联合开展活动，提升个案管理者的能力	社团法人内部的 10 家社会福利馆
“希望之梯”畅谈会	通过募集资金和个案会议来加强沙下区低收入儿童青少年的经济支持，减轻家庭经济负担	地区内有关福利机构
政社协作体系构筑项目		
政社官民协作体系构筑项目	在加强行政机关和民间福利机构互动关系的基础上，构筑个案管理作用分担与地区支持管理协作体系，以提供针对性的福利服务	开展共同个案管理，政社协作支持

续　表

项　　目	内　　容	对　　象
“守门员”项目	通过实施居民参与型个案管理，发现受助者，根据其需求提供专业服务和个案介入	地区居民

资料来源：http：//www. sahabokji. or. kr/＃.

再次，参与性社区居民组织化和网络化。由表 6－3 可知，从沙下区社会福利馆在组织化方面开展的项目来看，其类型可分为居民组织化项目、居民福利增进项目、福利网络构筑项目、资源开发与管理项目等四类。居民组织化项目强调社会工作者将缺乏自信心的儿童、老人等群体组织起来，通过开展各类参与性的集体活动，将其融入集体氛围之中，促使其产生参与意识和认同感。其中最为典型的项目是“甘川魔术团”。该项目以甘川村所在街道3～5 年级的小学生为对象，主要目的是给该社区孩子提供更多表现自己的机会，以增强他们的社交能力。项目从 2017 年年底开始正式招募小学员，每位学员需要支付 4 万韩元（约 235 元人民币）的参加费用。2018 年 1 月，福利馆第一期项目开始，开展为期 12 个月的正式魔术培训，每周提供两次魔术课程教学，每节课时为 2 个小时。

表 6－3　沙下区综合社会福利馆服务类地区组织化项目

居民组织化项目		
项　　目	内　　容	对　　象
绿雨伞儿童财团支持项目——“儿童乐享村庄”	通过促进地区内游乐文化和游乐环境的创新来保障儿童的游乐权利	地区内儿童（由 10 名核心儿童组成）

续　表

项　　目	内　　容	对　　象
“甘川魔术团”	儿童自我表现与社会性提升项目 ① 魔术教育 ② 儿童自治会议 ③ 地域社会魔术公演活动	居住在甘川洞的小学生
和谐乡村营造项目	增加健康活动的中青年健身小组 ① 居民和组织的能力强化教育 ② 居民座谈会	组织的负责人与地区居民共10人
健康村再营造项目	增加健康活动的中青年健身小组 ① 肌肉运动每周一次 ② 营养教育 ③ 自主聚会等	甘川洞中青年独居者7人
	农乐演奏活动与外部公演活动	甘川2洞居民
青少年志愿服务小组“冬草志愿服务团”	一对一老人指导活动(1～3代人综合性体育活动)	大东高中一、二年级25人
	甘川村道德规范遵守活动	
居民福利增进项目		
项　　目	内　　容	对　　象
老年大学	老年人多样的教育与闲暇活动支持项目 ① 音乐教室 ② 道德修养讲座 ③ 研修旅行等	65岁以上老人
老人韩文教室	针对不能阅读韩文的老人开展韩文教育	60岁以上老人
流动女性韩文教室	以涉外婚姻女性为对象，开展韩文教育和韩国文化体验活动	地区内流动迁居女性

续　表

项　目	内　容	对　象
便民设施提供项目	为地区居民提供便民设施，包括设施代管、设施参观、福利馆介绍解说	地区居民
使用者权益增进项目	开展福利馆使用者权益增进活动，包括使用者投诉处理、诉说人权真实情况等相关教育	地区居民
福利网络构筑项目		
“感恩与幸福之梦”项目	与甘川 1 洞社会保障协议团体进行合作，开展地域社会福利增进与宜居地域社会营造活动	沙下区甘川 1 洞
甘川 2 洞爱心福利项目	与甘川 2 洞地域社会保障协议团体进行合作，开展甘川 2 洞地域社会福利增进与宜居地域社会营造活动	沙下区甘川 2 洞
地域公共事务	企业与社会团体合作开展地域社会福利增进活动，如节假日慰问	地区居民、企业和社会团体
协议项目	组织之间开展协议项目，挖掘增进地域社会的福利资源	企业和社会团体
地区社会网络活动	福利馆人员的地域社会活动	地区居民、地区团体
现场实习	开展现场实习，以提升社会工作专业学生的实务经验，开展作为社会工作者的专业规划	社会工作专业大学生
设施管理委员会	举行设施管理会议，以增加设施管理的透明度，提高优质社会福利服务水平	福利馆管理委员
“宜居沙下项目”	开展社会网络性活动，促进沙下区内综合福利馆之间的交流和地域社会发展	沙下区内综合社会福利馆

续 表

项　　目	内　　容	对　　象
“甘川落叶归根项目”	修建生活基础设施，帮助需要照顾的老人	地区内需要照顾的老人
资源开发与管理项目		
后援力量培育与管理	招募支持者和支持团体，开展针对社区困难邻里的资源分配活动	地区居民、企业和团体
志愿服务开发与管理	招募志愿者开展针对社区困难邻里的资源分配活动	地区居民、企业和团体
宣传事业	通过多种媒体参与宣传，塑造社区服务的积极形象	全体国民、公共/民间机构

资料来源：http：//www. sahabokji. or. kr/＃.

孩子们在课程中能学习到多种多样的魔术，包括纸牌魔术、铁环魔术、线绳魔术等。他们在学习魔术的同时加强了注意力、想象力、表象能力和自我表达能力的训练。社会工作者在孩子们从事一段时间的学习后举办了甘川魔术团成立仪式。孩子们在仪式上进行简单的魔术表演，并获得魔术团成员证书。小魔术师的父母也出席见证了这一刻。孩子们在每个月末会进行一次或两次魔术公演，把当月所学的魔术展现给大家。公演场所有社区内的敬老院、幼儿园、学校等。例如，2018 年 8 月，魔术团在甘川幼儿园表演了魔术秀，幼儿园的小朋友看到小哥哥小姐姐们神奇的表演时惊喜连连、掌声不断。2019 年 7 月，魔术团的小魔术师们来到了“老奶奶敬老院”。他们的表演为老奶奶们带去了欢乐，同时还使自己增强了自信心。除了室内演出，小魔术师们还会在甘川村的景点进行室外表演。例如，2018 年 6 月，魔术团在文化村具有标志性意义的金鱼画前为游客和当地居民表演魔术。同时，孩子们还手持宣传牌向游客们倡导文明观光的理念，宣传牌上写着“请守护村庄的干净整洁”“我们的家门前不是垃圾场”“您也不会在自家门前扔垃圾吧”等内容。在管理方面，魔术团的儿童成员们每个月都会开一次没有老师在场的例会。会议分工明确，有班长和书记，参加会议的孩子们也会积极参与，各抒己见。例会都会对成员是否遵守规则、本次活动是否顺利、下一次社区活动的地点等进行评估。以 2019 年 5 月开展的例会为例，会议主题是“制定甘川魔术团规则”，孩子们一起讨论有关魔术教育、社区活动、开会时间等方面要遵守的规则细节。可见，社会工作者将贫困家庭儿童进行组织化是一个具有前瞻性意义的反贫困社会工作实践。代际贫困往往是贫困社区的最大困境。教育资源和社会资本不足等结构性因素往往使得贫困家庭儿童内心自卑，缺乏自信心，社会交际能力较差。这些不仅是性格问题，也是阻碍儿童成年后顺利融入社会的重要因素。因此，社会工作者将贫困家庭儿童组织起来，让他们积极参与到富有想象力的魔术活动中，锻炼儿童想象力的同时，也培养其积极的人生观。这些活动进而让孩子们认识到有无尽的丰富生活等着自己去迎接、去体验，在培养自信心的过程中提升了自身的创造力和组织能力。

另外，在增进居民福利的组织化活动方面，当地社会工作机构将“组织化”作为向弱势群体开展精准化福利服务的主要方式。特别值得注意的是，针对当地近几年新增的外籍新娘和外籍打工女性，社会工作机构也开展了组织化的社会工作服务。例如，沙下区福利馆从 2012 年开始对外籍女性开展“韩文教室”项目。每周为外籍新娘或外籍打工女性教授韩文，还会在课堂上开展一些动手参与的活动。如 2014 年 5 月 7 日，她们一起为即将到来的“双亲节”(어버

이날)制作了康乃馨,当天送给了当地社区的孤寡老人。此外,外籍女性还会和社区老人们参加出游活动。如2018年10月,外籍女性和社区老人一同到马山参观菊花节。通过组织化的集体活动,处于边缘化地位的外籍女性一方面受到组织化的保护,另一方面通过与当地人的互动和交流,顺利地融入了当地社会。

最后,为当地居民构筑福利网络体系也是当地社会工作组织化实践的重要内容。社会工作组织化实践主要体现在沙下区福利馆与其他社会福利团体进行合作,链接和动员更多的硬性和软性资源,从整体综合的角度为当地居民建立持续性的福利网络。其中有代表性的是"感恩与幸福之梦"项目。该项目主要针对甘川1洞的社区居民,由沙下区社会福利馆和"甘川1洞社区保障协议组织"共同开展项目活动。2018年7月20日,福利馆举办了"感恩与幸福之梦——儿童青少年奖学金颁奖典礼",向辖区内的10名初高中生每人颁发30万韩元奖学金和证书。此次奖学金是依据"感恩与幸福之梦事业基金筹集"业务协议而积累的2 270万韩元赞助基金的一部分。当天奖学金获得者纷纷发表感言:"我为了实现自己的梦想而鼓起勇气申请了这次奖学金,最终获奖我感到十分开心。""我会铭记这一天,今后我会更加努力学习,将来一定会报答一直以来为我慷慨解囊的家人们!"2018年下半年,福利馆向老年人开设"幸福人生,美丽的人生,美丽的离别"主题课程。课程从9月开始,为期2个月。该课程不仅是为了促进老人学习,还为其提供交流的机会。刚开始来上课的老人们互相不认识,都略显尴尬。后来大家在课堂上的互动交流逐渐增多,开始分享自己的故事,倾听对方谈话。另一个典型项目为"甘川2洞爱心福利项目"。该项目主要针对甘川2洞的社区居民,由沙下区综合社会福利馆和"甘川2洞社区保障协议组织"共同举

办。2019年6月，社会工作者举行了第一次温泉旅行，共10位老人参加。2019年11月，福利馆在获得韩国南部发电株式会社釜山总部资金的支持下，又开展了一项主题为“甘2爱心—更多希望”的活动。开展活动的原因在于甘川2洞有很多住宅日益老旧，屋内电气设备不齐全且需要维修，所以福利馆组织社区中20岁年龄段的低收入者提供维修、更换陈旧电器的服务。此外，社会工作者为了保证安全的居住环境，还链接资源帮助修缮房屋。甘川2洞社区保障协议组织委员姜明秀(강명수)表示：“甘川2洞地区的住宅已经老化，存在很多危险地带。南部发电株式会社为处于住房风险中的居民贡献力量，我作为居民代表十分感谢这次活动。”最为典型的项目是沙下区社会福利馆在2019年策划的“甘川落叶归根”项目。该项目的目的是给当地需要照顾的老人提供一个共同生活和便于集中照料的场所。福利馆在2019年年末先对服务人员进行了关于照料服务的专业培训。2020年1月16日，福利馆成立了名为“care安心住宅”的照料中心。提供服务的对象主要是65岁以上急需照顾或特殊照顾的老人，具体包括：急性病患者(如感冒、重感冒等轻症患者)，刚出院在恢复期的患者(慢性及重症患者除外)，判定为有重症等级之外的需要保护者，等待病情等级判定结果者。若是65岁以下的对象，社会工作者则根据其具体情况通过召开案例会议进行选定。提供的服务具体包括：身体康复运动服务(健康体操、毛巾操、认知提升体操等)，社区健康中心合作服务(健康检查与用药指导)，照料服务，安排业余活动等。此外，除了品牌化的社会服务项目之外，福祉馆还积极链接志愿服务团体和企业等主体，为贫困家庭提供常规性的物质资源。例如，2011年12月，福利馆在LG福利财团的支援下向低收入独居老人发放生活必需品。

2014 年，社团法人绿色韩国环境运动本部和东和 ENTEC 为援助该社区低收入家庭及独居老人捐款、捐赠山参。东和 ENTEC 为支援低收入家庭捐赠 100 万韩元，绿色韩国环境运动本部捐赠了 100 株山参。2014 年 9 月 18 日，福利馆在其举办的“爱心徒步大会”活动中用部分赞助资金为 100 位低收入家庭儿童捐赠了新运动鞋，孩子们对此欣喜若狂，表示非常喜欢。2017 年 7 月，作为“希望汲水桶项目(희망두레박사업)”的一环，福利馆社会工作者通过走访和考察，筛选出甘川 2 洞的低收入老年人家庭，为其房屋安装预防老人摔伤的安全装置、感应灯等。

总之，当地社会工作机构的反贫困社会工作实践主要聚焦于为贫困社区的儿童和老年人构建福利网络体系，并针对助学、社区居家养老、社会交际、身心康复等居民的多元化需求，展开多种福利服务。同时，社会工作者为了促进老人的社会交际能力，还注重外籍女性与当地老人的代际互动；也在培养青少年的尊老和公共服务意识、促进外籍女性社区融入等方面发挥重要作用。最为重要的是，社会工作机构激发了社区内部居民自治组织的组织能力和资源，积极与居民自发成立的“社区保障协议组织”以及大型企业进行合作，挖掘社区内部资源和市场资源，建立起一个多主体供给公共服务的福利网络体系。

从甘川村的案例来看，人们恢复社区共同体认同感、提升社区组织能力，都并非易事。事实上，社区抗逆力的形成是社区内生因素和外在福利支持因素相结合的产物。一方面在于内生因素，特别是对于当地居民而言，自身能形成一种“贫民区终于旧貌换新颜成为宜居文化社区”的自豪感和自信心。地方政府大力支持社区重建，当地社会工作机构积极与艺术家、大企业、社会团体等进行合作，链接资源，促进多元主体积极参与其中。这些主体包括低收入家庭儿童、独居老人、外籍新娘、外籍打工女性等群体。特别是以“社区保障协议组织”“甘川村居民协议会”“甘川村协同组合”等为代表的社区组织能够把握当地社会情况，激活其强有力的领导力，发挥了重要作用。甘川村居民协议会可被视为现代文化与传统文化相互交流的场域，也是游客和当地居民接触互动的场域，更是现代法律与传统社区惯习互动的场域。其中需要一种领导力来调解和平衡复杂的利益关系。最为典型的是吉祥物“小王子”的争议问题。甘川村吉祥物“小王子”卡通塑像前排队照相的人络绎不绝，但当地居民和商家并不从心底接受这一吉祥物。“小王子”书签的售卖甚至还引发了版权纠纷和法律诉讼，矛盾尖锐到商人联合会团结起来抵制售卖“小王子”书签。这是一个反例，“小王子”并没有植根于当地文化中，不被视为社区的共同资产。与之相反的是，当地社会工作机构从魔术活动的角度切入，充分将低收入家庭儿童组织起来，开发出当地居民喜闻乐见的表演节目，既锻炼了儿童的创造能力，也培育了儿童的社区认同感和公共服务意识。因此，“甘川儿童魔术团”项目比“小王子”项目更具有本土性，更符合当地居民的文化品位和文化需求。前者从儿童能力提升的角度，提高了儿童的各方面能力，在避免贫困的代际流动和贫困文化的蔓延方面发挥了重要作用。

此外，甘川村自身具有的城乡接合部的“城乡两重性”也不应被忽略。其特点在于乡土性犹存，保留了以农村共同体认同感为基础的熟人文化。当地居民在山坡上狭小的空间、家门口的小院里种生菜、辣椒和洋葱，以备晚餐食用。社区的年轻人朝九晚五来往于城中村与市区之间，白天只留下无数独居的老人。到了晚上,各家分别做好饭菜之后来到社区大院聚餐,或者在敬老院摆上一桌好菜,大家喝着米酒共享晚餐,形成一个借助餐食来共享社区大家庭乐趣的“食乐共同体”。如同乡村一样,家门可以敞开,人们外出两三天,可以将一串钥匙交给社区的洗衣店老板照看房屋。这样的信任关系是如今甘川村保留的珍贵资产。社区内家与家之间没有围墙相隔,山下和山上也处处相通,体现出公私界限混融的空间特征。其背后是恢复一种打破社区各种关系纠葛和界限,相互之间可以期待和依赖的关系,这正是社区抗逆力最为重要的价值所在。

第五节　结论与讨论

那么,究竟何为社区的抗逆力?笔者团队对韩国釜山市甘川村进行调研后,感受到社区共同体并非虚无之物。尽管由于社会关系的再现方式多样,且隐秘而复杂,但是社区共同体却有一股潜藏在深处的力量。贫困也使得社区内部充满社会关系,也隐藏着可以进行文化艺术加工的一面。因此,社区共同体的抗逆性就是恢复基于乡土性的邻里关系,大家可以共享劳动产物,安居乐业,其乐融融。

中国最近 15 年来也和韩国一样,正如火如荼地进行乡村振兴的社区重建事业。政府在农村投入了大量的财力和人力,成绩斐然,效果甚佳,却较难从根本上治愈城镇化转换过程中的“城市病”。对于城市而言,如果关于城市的现在和将来的思考方式,以及相对应的社会福利范式没有改变,那么社会资源投入的效果就会大打折扣。因此,被称为“社区抗逆力”的全局性规划，以及以社区内部恢复能力为基础的社会福利和社会工作活动变得尤为重要。从社区抗逆力的视角来看，釜山甘川村的事例实际上是社区共同体的再生过程。当地社会工作机构主要从特殊群体和组织化福利等角度，充分激活当地居民的组织化优势和文化优势，尊重社区文化，通过创新和改革恢复居民的自信心和社区认同感；同时当地社会工作机构不断在地方政府政策支持、大企业资金援助、社会团体公益服务等外部资源的合作框架中，形成了一个内外结合的良性循环体系。如今，中国的农民也搬进了楼房。但笔者认为，乡村脱贫和重建的出路在于将居民与其他主体整合起来，在新的共同体基础上，立足于发挥社会防御作用的农村土地和郊外共有地，积极构建体现公共性的经济社会文化系统和地方福利体系。

最后，尽管祖先传承下来的村落共同体或许是一个虚象，但是其关系、形态和空间是可以进行复原的，社区可以重新进行营造。这也是反贫困社会工作所要坚持的理念。在此意义上，现代的乡村共同体可以被看作一种社区共同体来营造。值得注意的是，“贫困”和“艺术”在社区营造的过程中可以共生共存。地方政府、社会工作机构、企业等外在因素与社区内在的社会文化因素可以相结合，共同促进农村和城市共生发展。甘川村的空间和社会的“复原性”社区抗逆力就是典型代表。因此，在某种意义上，不存在不能进行营造的社区共同体，能够产生社区认同感的社会关系才是社区重建的核心所在。

第七章　结论与讨论

20世纪90年代以降，中国城乡社会结构大致经历了两大变化。于城市而言，以1998年国有企业体制改革为标志，单位制度作为中华人民共和国成立后的中国城市基层社会治理的基本方式经历了巨大变革。作为单位制重要载体的国有企业，其社会管理功能和社会福利功能逐渐消解，直接的社会后果是原国企家属区形成贫困社区。尤其是在东北老工业基地，大量单位大院变为低保户多、残疾人多、老人多的"三多贫困社区"，给基层社会治理带来了治理困境。对于中国城市的反贫困社会工作而言，其面对的不仅是加强科学性和专业性的问题，更为重要的是如何从内部培育一种抵御社会转型危机的"社区抗逆力"。与此同时，对于中国社会工作发展的挑战，还来自农村空心化背景下农村扶贫工作和乡村振兴的复杂性与长期性。农村的扶贫和乡村振兴工作的实质在于，在面对自然灾害、人口外流空心化等风险的背景下，农村社会自身如何形成一种抵御自然和社会风险的能力。因为只有形成这种"以不变应万变"的"内生性能力"，才能从根本上解决农村的贫困问题。

抗逆力，顾名思义，有抵抗逆境的能力之意。1973 年，加拿大生态学家霍林将此概念运用于社会生态学领域后，其日益成为风险社会治理的重要范式。此范式被广泛应用于青少年社会工作、老年社会工作、家庭社会工作、医务社会工作等关注群体赋能的领域，聚焦于如何提升单亲家庭儿童、留守儿童、重病患者家庭等群体的个体抗逆力和家庭抗逆力。其实，如果转换一下概念，“抗逆力”在中国语境中也是家喻户晓的概念。很多人从小都背诵过“野火烧不尽，春风吹又生”的著名诗句。这句话不仅表现出野草顽强的生命力，也是自古以来中国人历经战乱浩劫之后，仍能笑对人生彰显生活智慧的真实写照。令人欣慰的是，“抗逆力”概念在近 15 年来逐渐被引入社会工作、心理学、灾害社会学、人文地理学、演化经济学等学科中，其内涵和外延也从个体和群体扩展到城乡社区发展，发展成“社区抗逆力”概念。此概念聚焦于风险社会背景下城乡社区的可持续发展，特别是分析贫困地区和工业衰落地区重新恢复社会活力的演化逻辑和具体机制。一方面，社区抗逆力的内在结构体现为四类因素，即内固性、储备性、资源动员性、快速性，拓展了反贫困社会工作实务介入的理论维度；另一方面，社区抗逆力的内在运作机制体现为社会系统论的适应和转换两大机制，在动态过程中提升了反贫困社会工作的可持续性。

本书主要聚焦于社区抗逆力的框架，尝试梳理欧美社区抗逆力理论，同时总结出中国城市，特别是老工业基地贫困老旧社区、空心化背景下的农村社区等地区开展的反贫困社会工作模式；同时还聚焦于日本、韩国等东亚农村反贫困社会工作的新思路和新方法。

第一章大体以绪论的形式整体论述社区抗逆力的框架，对于促进城乡社区治理创新与反贫困社会工作的发展具有特殊性与重要性。作为反贫困事业的重要一环,反贫困社会工作在本体论和认识论方面,都与社区抗逆力存在有机联系。换言之,社区抗逆力框架内的反贫困社会工作更加突出风险的复杂性,更加注重风险背景下的组织内固性和主体性行为,以从社区内部提升社区的风险适应能力;注重社会工作者将风险应对的主体性转换为社区公共性的动态过程。最后,笔者除了强调社会工作者逐步培育各类主体共生的社区治理结构之外,还积极倡导将危机转换为生态主义公共性的重要性。第二章综合介绍了我国农村空心化背景下反贫困社会工作建构社区抗逆力的基本做法。笔者强调了抗逆力框架对于脱贫攻坚和乡村振兴的积极意义,并试图在社区抗逆力的内固性、储备性、资源动员性、快速性的4R框架内,综述国内农村反贫困社会工作的基本特点和模式。第三章介绍了笔者团队对于贫困老旧社区居委会主任开展的反贫困社会工作的实务过程。总体而言,城市贫困社区的"贫困"不仅在于空间破败与社会原子化,也在于社区的"贫困文化",集中体现在基层社区管理者自身的"问题叙事"。即贫困老旧社区的社区管理者自身都对社区发展缺乏信心,忽视社区本身的优势,在一定程度上给社区内生性发展造成了阻碍。因此,社会工作者可以借由叙事疗法,通过外化对话、改写对话、回溯对话、界定仪式、重视例外事件等环节,转变基层社区管理者的思维方式,引导他们挖掘老党员、社区能人等群体的优势资源,将问题叙事转变为优势叙事。此类优势叙事对于社会工作者从内生性角度积极促进贫困社区的重建和治理创新具有非常重要的理论和实践意义。第四章从地质灾害等自然性危机应对的角度,以综述的形式整体介绍了灾害社会工作中的抗逆力研究及其拓展,灾害社区重建与社区抗逆力的关系，以及灾后重建中反贫困社会工作培育社区抗逆力的具体做法等内容。第五章和第六章分别关注日本和韩国的反贫困社会工作经验。笔者团队充分发挥吉林大学社会学系在日语和韩国语等小语种方面的优势，翻阅学术书籍、学术论文、政策文献、网络资料等日文和韩文资料，同时也邀请名古屋大学、首尔大学、釜庆大学等日韩学者进行在线讨论，梳理日本和韩国的反贫困社会工作在培育社区抗逆力方面的做法和特点。第五章将日本的反贫困社会工作置于日本乡村人口和社会过疏化背景下进行思考。日本反贫困社会工作的最大特色在于嵌入城乡一体化的反过疏化政策体系之中。第二次世界大战后，日本的乡村过疏化对策变迁逻辑大致从紧急应对转向社区自立，反贫困社会工作模式也相应从外在愈合转向内生激发，从稳固社会基础的抗逆力愈合阶段发展为快速动员和重建的抗逆力自愈阶段，再到“六次产业化”乡村地区抗逆力内生激发阶段。这对中国的启示在于：在社会工作的政策性方面，我们应加强社会工作与社会福利政策的一体化建设；加强社会工作的抗逆性思维和超越城乡的地域性认识。第六章对韩国釜山市城中村重建为文化村的案例进行“解剖麻雀”式的个案分析，以体现韩国反贫困社会工作在培育社区抗逆力过程中发挥的重要作用。个案体现出贫困社区抗逆力的培育大体是一个内外因素同时激活的双重过程。政府首先制定社区发展型政策，引导当地社区居民、企业、社会团体转换思路，重新认识贫困与艺术之间的内在关系。新思路强调贫困社区外在破旧的空间形态可以转换为艺术性空间，并非一拆了之。政府引导艺术家对甘川村进行生态复原和文化复原，使其最终成为国际知名旅游观光地。社会工作者进而挖掘当地居民所掌握的土窑盐技术等传统技能，经过国际认证后，将其转化为提升居民收入的社区经济。在此基础上，当地社会工作机构重视针对当地社区居民的组织化工作，提升居民的公共参与能力，并联合政府、企业、居民等主体共同建立社区协议会，形成社区治理共同体。社会工作者进而从社会福利的角度针对独居者、低收入家庭儿童、残疾人、高龄老人、慢性病患者、未成年母亲、外籍新娘、外籍打工女性等弱势群体开展个案管理服务，最终形成了“福利服务＋个案管理＋社区组织化”三位一体的社区综合发展型社会工作模式。

总之，本书只是一个初步的探索，对有关社区抗逆力的一些国内外研究和社会工作实务做了一些粗略的分析。诸如“社区抗逆力”的具体指标测量和标准体系，社区抗逆力框架中反贫困社会工作的本土性反思，以及反贫困社会工作实务工作者怎样处理社会转型过程中的“变”与“不变”“偶发性”与“持续性”的辩证关系等值得深入思考的问题，本书都较少进行分析。这些问题值得研究者在后续研究中进行深层次的分析和探索。

最后，在关于“抗逆力”的学理定义和内涵方面，我们需要说明的是，“抗逆力”对应的英文原词是 resilience，至今中国学界仍然存在诸如“韧性”“弹性”“恢复力”“复原力”等多种翻译。主要原因是多种学科同时意识到此概念研究的重要性，但都从自身学科的角度对其进行理解，至今尚无统一译法。在社会学和社会工作领域内，“韧性”和“抗逆力”是主要的译法。特别是前几年由于时任国务院总理李克强强调中国经济在新常态下依然具有“经济韧性”，“韧性”一词受到重视。王思斌教授受此启发，开始强调“社会韧性”的研究。他认为除了抗逆力体现出的主体主动抵御风险的能动性之外，还要强调法律制度、社会政策、公共服务等结构性因素对于构建整体性社会韧性的重要性。因此，“韧性”逐渐被理解为一个内涵和外延大于“抗逆力”的理论框架。社会韧性也势必成为一个比抗逆力研究更强调整体性、综合性、制度结构性的概念框架。在此背景下，笔者最先也试图将社区抗逆力改为社区韧性，但是经过一番思量之后，还是保留了抗逆力的说法。原因在于，本书是一本借助 resilience 框架来探讨社会工作实务理论和实践方法的书，主要偏向于社会工作所强调的主体性、能动性、优势性。特别是，笔者还是想用“抗逆力”来表达“抗”字背后体现的主动抵抗风险的主体能动性和行动性，以及“力”背后体现的社区能力建设的过程。但是“韧性”研究背后的制度政策性确实非常重要，本书只是一个抛砖引玉式的先行探索。这一起步将鼓励我们团队继续进行深入研究，相信终归会达到“衣带渐宽终不悔”“那人却在灯火阑珊处”的境界，彻底将“社区抗逆力”看得真真切切、明明白白。

主要参考文献

一、英文图书

[1] MILETI D S. Disasters by design：a reassessment of natural hazards in the United States[M]. Washington，D. C.：Joseph Henry Press，1999.

[2] POLANYI K. The great transformation：the political and economic origins of our time[M]. Boston：Beacon Press，2001.

[3] TIMMERMAN P. Vulnerability，resilience and collapse of society：a review of models and possible climatic applications[M]. Toronto：Institute for Environmental Studies，University of Toronto，1981.

二、英文期刊

［1］ALFORD J. Co-production, interdependence and publicness: extending public service-dominant logic［J］. Public Management Review, 2016, 18(5): 673－691.

［2］ADGER N. Social and ecological resilience: Are they related?［J］. Progress in Human Geography, 2000, 24(3): 347－364.

［3］DWIARTAMA A, ROSIN C. Exploring agency beyond humans: the compatibility of Actor-Network Theory and resilience thinking［J］. Ecology and Society, 2014, 19(3): 28.

［4］HANDOYO A, HADNA A H, RATMINTO R. New publicness and its implication on social conflicts: the relation between local community and the gated community in sleman［J］. Bisnis& Birokrasi, 2017(1).

［5］BATEMAN P J, PIKE J C, BUTLER B S. To disclose or not: publicness in social networking sites［J］. Information Technology & People, 2011, 24(1): 78－100.

［6］BINRKERHOFF D W, BINKERHOFF J M. Public-private partnership: perspective on purpose, publicness, and good governance［J］. Public Administration and Development, 2011(1): 2－14.

［7］BEUNEAU M, CHANG S E, EGUCHI R T, et al. A framework to

quantitatively assess and enhance the seismic resilience of communities[J]. Earthquake Spectra，2003，19(4)：733－752.

[8] PHILIP B，GRAHAM M，SYD S. New approaches to assessing vulnerability and resilience[J]. Australian Journal of Emergency Management. 2000，15(2)：8－14.

[9] FOLKE C，CARPENTER S R，WALKER B，et al. Resilience thinking：integrating resilience，adaptability and transformability [J]. Ecology and Society，2010，15(4)：299－305.

[10] NORRIS F H，STEVENS S P. Community resilience as a metaphor，theory，set of capacities，and strategy for disaster readiness[J]. American Journal of Community Psychology，2008，41(1－2)：127－150.

[11] GAO Y，FENNELL S. The role of Tunqin Guanxi in building rural resilience in North China：a case from Qinggang[J]. The China Quaterly，2017，229(3)：44－63.

[12] BRISTOW G，HEALY A. Regional resilience：An agency perspective[J]. Regional Studies，2014，48(5)：923－935.

[13] TOBIN G A. Sustainability and community resilience：the holy grail of hazard planning? Environmental hazards，1999，1(1)：13－25.

[14] GRAY M，CROFTS P. Social development and its relevance to Australian social work[J]. Australian Social Work，2008，61(1)：88－103.

[15] HOLLING C S. Resilience and stability of ecological systems[J]. Annual Review of Ecology and Systematics, 1973, 4(4): 1-23.

[16] KLEIN R J T, NICHOLLS R J, THOMALLA F. Resilience to natural hazards: how useful is thisconcept? [J]. Environmental Hazards, 2003, 5(1): 35-45.

[17] LEYKIN D, LAHAD M. COHEN R, et al. The dynamic of community resilience between routine and emergence situations[J]. International Journal of Disaster Risk Reduction, 2016(3).

[18] MOULTON S, ECKERD A. Preserving the publicness of the nonprofit sector: resources, roles, and public values[J]. Nonprofit and Voluntary Sector Quaterly, 2011, 41(4): 656-685.

[19] O' ROURKE T D, BRIGGS T R. Critical infrastructure, interdependencies, and resilience[J]. The Bridge, 2007, 37(1): 22-29.

[20] WOOLF S, TWIGG J, PARIKH P, et al. Towards measurable resilience: a novel framework tool for the assessment of resilience levels in slums[J]. International Journal of Disaster Risk Reduction, 2016, 19: 280-302.

[21] CUTTER S L, BARNES L, BERRY M, et al[J]. A place-based model for understanding community resilience to natural disasters [J]. Global Environmental Change, 2008, 18(4): 598-606.

三、中文图书

[1] 乌尔里希·贝克. 风险社会：新的现代性之路[M]. 张文杰，何博闻，译. 南京：译林出版社，2018.

[2] 大矢根淳，浦野正树，田中淳，等. 灾害与社会 1：灾害社会学导论[M]. 蔡骥，翟四可，译. 北京：商务印书馆，2017.

[3] 玛丽·埃伦·里士满. 贫民中的友善探访：慈善工作者手册[M]. 康姣，译. 上海：华东理工大学出版社，2018.

[4] 黄平，王晓毅. 公共性的重建：社区建设的实践与思考[M]. 北京：社会科学文献出版社，2011.

[5] 吴理财. 文化治理视域中的公共文化服务体系建设[M]. 北京：高等教育出版社，2016.

[6] 李雪萍. 公共产品供给促进反脆弱发展：甘孜藏区发展策略研究[M]. 北京：中国社会科学出版社，2017.

[7] Froma Walsh. 家庭抗逆力[M]. 朱眉华，译. 上海：华东理工大学出版社，2013.

[8] 张和清，杨锡聪，等. 社区为本的整合社会工作实践：理论、实务与绿耕经验[M]. 北京：社会科学文献出版社，2016.

[9] 田毅鹏，常莊. 吴亚琴社区工作法[M]. 北京：社会科学文献出版社，2018.

[10] Michael White, David Epston. 故事、知识、权力：叙事治疗的力量[M]. 廖世德，译. 上海：华东理工大学出版社，2013.

[11] 李明. 叙事心理治疗[M]. 北京：商务印书馆，2016.

[12] 迈克尔·怀特. 叙事疗法实践地图[M]. 李明，曹杏娥，党静雯，译. 重庆：重庆大学出版社，2019.

[13] 中华人民共和国民政部. 中国民政统计年鉴：2017 中国社会服务统计资料[M]. 北京：中国统计出版社，2017.

[14] 王绍玉，冯百侠. 城市灾害应急与管理[M]. 重庆：重庆出版社，2005.

[15] 黎熙元. 现代社区概论[M]. 广州：中山大学出版社，2007.

[16] 何振德，金磊. 城市灾害概论[M]. 天津：天津大学出版社，2005.

[17] 刘成果. 世纪扶贫文稿：强基固本，根治贫困[M]. 北京：中国农业出版社，2003.

[18] 武汉理工大学中国应急管理研究中心. 中国应急管理报告(2018)[M]. 北京：社会科学文献出版社，2018.

四、中文期刊

[1] 范如国. "全球风险社会"治理：复杂性范式与中国参与[J]. 中国社会科学，2017(2)：65－83.

[2] 李鹤，张平宇，程叶青. 脆弱性的概念及其评价方法[J]. 地理科学进展，2008(2).

[3] 李雪萍. 反脆弱性发展：突破发展陷阱的路径：基于西藏城镇社区发展的实证调查与理论分析[J]. 华中师范大学学报(人文社会科学版)，2013(2)：18－24.

[4] 沈之菲. 抗逆力：一种重要的心理品质[J]. 思想理论教育，2010(18)：

73－78.

[5] 童星.社会管理创新八议：基于社会风险视角[J].公共管理学报，2012(4)：81－89.

[6] 田毅鹏，张帆.新时期基层社区“展示性治理”的生成及运作[J].学习与探索，2016(9)：37－44.

[7] 向德平，姚霞.社会工作介入我国反贫困实践的空间与途径[J].教学与研究，2009(6)：22－26.

[8] 刘彦随，刘玉.中国农村空心化问题研究的进展与展望[J].地理研究，2010(1)：35－42.

[9] 贺雪峰.农村的半熟人社会化与公共生活的重建：辽宁大古村调查[J].中国乡村研究，2008(1)：139－152.

[10] 朱华友，陈宁宁.村落祠堂的功能演变及其对社会主义新农村建设的影响：基于温州市莘塍镇 50 个祠堂的整体研究[J].中国农村观察，2009(2)：86－94.

[11] 李海云.信仰与艺术：村落仪式中的公共性诉求及其实现：鲁中东永安村“烧大牛”活动考察[J].思想战线，2014(5)：36－41.

[12] 吕方.再造乡土团结：农村社会组织发展与“新公共性”[J].南开学报(哲学社会科学版)，2013(3).

[13] 李雪萍.转型期藏族农牧民生计适应的复杂样态与内在逻辑[J].江汉论坛，2018(9)：137－144.

[14] 崔月琴，李远.草根 NGO 如何推进农村社区的新公共性建构：基于吉林通榆 T 协会的实践探索[J].社会科学战线，2017(3)：194－203.

[15] 刘玉兰.西方抗逆力理论：转型、演进、争辩和发展[J].国外社会科学，2011(6)：67－74.

[16] 李芳，张和清，董鑫建，等.乡村振兴实践案例大家谈(四)“空心化乡村社区”社工介入方略[J].中国社会工作，2019(16)：11－13.

[17] 张和清.中国社区社会工作的核心议题与实务模式探索：社区为本的整合社会工作实践[J].东南学术，2016(6)：58－67.

[18] 魏爱春，李雪萍.易地扶贫搬迁中抗逆力动力机制的建构：基于渝东M镇易地扶贫搬迁安置点的考察[J].华中农业大学学报(社会科学版)，2019(5)：37－45.

[19] 李文祥，高锡林.社会工作介入与农村社会管理转型[J].吉林大学社会科学学报，2015(1)：95－100.

[20] 李文祥.合作性社会工作的全球视野与中国性实践[J].社会科学辑刊，2016(4)：48－54.

[21] 芦恒.后单位社会的“历史连续性”与基层社会的“优势治理”：基于东北棚户区改造后的思考[J].山东社会科学，2016(6)：51－56.

[22] 田毅鹏，王丽丽.单位的“隐形在场”与基层社会治理：以“后单位社会”为背景[J].中国特色社会主义研究，2017(2)：87－92.

[23] 徐选国，唐晓琦，杨威威.制度变迁、角色建构与国家—个人关系的演化逻辑：基于对上海“社嫂”的口述史研究[J].社会发展研究，2020(2)：217－241.

[24] 何雪松.叙事治疗：社会工作实践的新范式[J].华东理工大学学报(社会科学版)，2006(3)：7－11.

[25] 郭祎. 增强“三会一课”的时代性[J]. 中国党政干部论坛，2017(8)：47-49.

[26] 田毅鹏. 乡村振兴中的城乡交流类型及其限制[J]. 社会科学战线，2019(11)：214-224.

[27] 陈静，杨旭光，王静爱. 巨灾后幸存者心理恢复力初步探究：以 1976 年唐山地震为例[J]. 自然灾害学报，2008(1)：86-91.

[28] 朱华桂. 论社区抗逆力的构成要素和指标体系[J]. 南京大学学报(哲学·人文科学·社会科学)，2013(5)：68-74.

[29] 黄亚林. 完善自然灾害应急救助体系建设的几点建议[J]. 中国民政，2013(7)：35.

[30] 张强，陆奇斌，张秀兰. 汶川地震应对经验与应急管理中国模式的建构路径：基于强政府与强社会的互动视角[J]. 中国行政管理，2011(5)：50-56.

[31] 张粉霞. 灾害社会工作本土经验反思与实务模型建构：基于灾害复原力理论视角[J]. 云南师范大学学报(哲学社会科学版)，2016(5)：83-91.

[32] 文军，何威. 灾区重建过程中的社会记忆修复与重构：以云南鲁甸地震灾区社会工作增能服务为例[J]. 社会学研究，2016(2)：170-193.

[33] 王岱，张文忠，余建辉. 国外重大自然灾害区域重建规划的理念和启示[J]. 地理科学进展，2010(10)：1153-1161.

[34] 安平巷，陈宇鸣，申玻，等. 云南昭通鲁甸 6.5 级地震[J]. 中国应急救援，2014(5)：F0003.

[35] 郭桂祯. 云南鲁甸 6.5 级地震现场调查评估侧记[J]. 中国减灾，2014(9)：58－59.

[36] 文军，吴越菲. 社区为本：灾害社会工作服务及其本土实践：以云南鲁甸地震灾区社会工作服务为例[J]. 河北学刊，2016(5)：153－160.

[37] 文军，吴越菲. 灾害社会工作的实践及反思：以云南鲁甸地震灾区社工整合服务为例[J]. 中国社会科学，2015(9)：165－181.

[38] 丁军，陈标平. 构建可持续扶贫模式治理农村返贫顽疾[J]. 社会科学，2010(1)：52－57.

[39] 陈涛，杨锡聪，陈锋. 发展性社会工作的本土化理论及实践[J]. 新视野，2018(4)：62－68.

[40] 陈涛，陈锋，王小兰. 震后社区生计项目实践与发展性社会工作的探索：绵竹青红社工服务站的经验及反思[J]. 社会工作，2011(4)：14－18.

[41] 田毅鹏. 地域社会学：何以可能？何以可为？以战后日本城乡“过密—过疏”问题研究为中心[J]. 社会学研究，2012(5)：184－203.

[42] 吴晓林，谢伊云. 基于城市公共安全的韧性社区研究[J]. 天津社会科学，2018(3)：87－92.

[43] 张和清，闫红红，尚静. 社区为本的农村社会工作实务模式探索：国内外农村社会工作研究文献的综述[J]. 学海，2019(2)：79－86.

[44] 叶敬忠，贺聪志. 基于小农户生产的扶贫实践与理论探索：以“巢状市场小农扶贫试验”为例[J]. 中国社会科学，2019(2)：137－158，207.

[45] 向德平，华汛子，金旖. 视角转换与方式创新：减贫社会工作的本土实践[J]. 社会工作与管理，2017(6)：5－11.

[46] 王思斌.社会福利与社会工作发展的新契机[J].中国社会工作,2019(7):46.

[47] 郭聪聪.老年社会工作介入与长期护理保险制度的完善:以日本照护管理者为借鉴[J].劳动保障世界,2019(6):16-18.

后　记

自从 2019 年 4 月我在武汉大学参加本丛书的主编会议起到现在，已经过去将近三年半时间。由于社区抗逆力研究在国内尚属初步阶段，我们要专门写一本关于社区抗逆力又要结合社会工作实践思考的书，并非易事。当时我接下任务之后有几分胆怯，不敢贸然下笔。但又有些许冲动，想借此出书机会，系统整理自己在前几年对于社区抗逆力的一些思考，并在写书过程中继续补充国内外的相关资料和最新研究成果。

我为什么关注“社区抗逆力”这一概念呢？2012 年至今，我每年都要给大一新生讲授“社会工作导论”，课程中涉及“抗逆力”的概念和相关实务技巧。在此过程中，我被“抗逆力”由个体抗逆力到家庭抗逆力，再到社区抗逆力的学术发展趋势所吸引。随着个人人生阅历的不断丰富，以及切身体会到非典、汶川地震、新冠疫情等风险危机给社会带来的诸多变化，我逐渐意识到“抗逆力”研究是一个十分让人着迷的研究领域。“抗逆力”概念也十分契合中国人在近代社会的多灾多难中自强不息的民族文化精神。的确，对于中国人而言，无论是个体，还是家庭，甚至整个社会，都有一种与战争、自然灾害、社会动荡进行抗争的生活智慧和社会团结机制。这些都值得我们从“个体抗逆力”“家庭抗逆力”“社区抗逆力”等角度运用理论的框架和科学的方法，对中国社会运行的超稳定规律进行深入剖析。具体而言，我们可以从积极正向的角度挖掘中国社会在民族精神、组织结构、动员方式、时间连续性等方面的优势资源。这些也与社区抗逆力具有的内固性、储备性、资源动员性、快速性等内在属性存在异曲同工之处。早在 2014 年 6 月便出现了一个促使我思考抗逆力的契机。我们社会学系在吉林大学白求恩第一医院的社会工作部建立了实习基地，随后我们参与到中央财政支持神华公益基金会医务社会工作试点项目中。当时我试图运用“家庭抗逆力”来分析癌症病人及其家属面对癌症时在家庭组织、家庭沟通、家庭价值观等方面体现出的正向的危机应对能力。此后，我开始指导在医院实习的社会工作硕士生，运用个体抗逆力或家庭抗逆力框架撰写若干篇硕士毕业论文。尽管如此，我的主业还是单位社会消解背景下的贫困社区治理研究。但是，抗逆力视角可以超越医务社会工作的范围，能让贫困研究者避免问题视角，积极挖掘个体、组织、社区，甚至整个社会的内在优势。

于是，我尝试将抗逆力视角从医务社会工作拓展到对东北老工业基地常见的成片低收入老旧社区的治理研究。我逐渐发现“社区抗逆力”是一个能够联结社会学宏观整体反思和社会工作微观行动研究的中间范式。该范式能督促研究者不被贫困社区污名化报道所影响，促使研究者积极挖掘老旧社区在东北老工业基地的工业化进程中所体现出的历史合理性，及其在单位社会中所发挥的正向功能。“社区抗逆力”框架还促使我们从组织内固性、资源动员机制等方面发现贫困老旧社区内在的社会互动和组织优势，然后在此基础上开展社会工作实践活动。质言之，贫困社区的社会工作实践的目的不仅是让社区内的老年人和孩子玩得开心，深层次的目的还在于挖掘他们自身的生活智慧，最终从整体上提升社区抵御社会转型风险的能力。于是我尝试运用“社区抗逆力”框架深入分析贫困老旧社区背后的内在资源和内生动力。从 2015 年开始，我陆续写出了《以内生优势化解外部风险——“社区抗逆力”与衰落单位社区重建》《三个优势促老工业基地贫困社区治理能力提升》《时间性与适应性：城市棚户区治理中的“单位管理逻辑”与社区抗逆力》等论文，初步发现城市贫困社区与消解的单位体制之间存在历史连续性。从 2019 年开始，我一直在思考东北老工业基地的单位社会研究如何与社会工作实务相结合。换言之，就是如何开展和建设具有东北特色的社会工作实务体系，这是一个重要的议题。社会工作学界要在东北地区开展社会工作实务促进社会工作学科发展，仍然离不开社区抗逆力背后所蕴含的优势视角。当前，东北社会自身具有怎样的社会文化优势和传统，是我们思考东北社会工作发展时不能回避的问题。我们顺着这一思路深入下去，从东北老旧社区的老党员、老工人、老社区管理者等单位社区所具有的优势人力资源入手，便可以将叙事疗法、认知行为疗法、感恩疗法等社会工作实务方法进行有机结合，去挖掘单位人在单位社会中所积累的克服逆境、化解危机矛盾的积极认知和组织经验。于是从 2019 年 4 月开始，我所在的吉林大学社会学系社工教研室团队尝试陆续邀请老旧社区的老党员、老社区管理者来到社工实验室，运用叙事治疗法、认知行为疗法等方法，逐渐挖掘出了一些令人振奋的历史记忆和社区治理经验。这些介入实践重新激活了老年人的家国情怀和公共责任感，促使老年人重新认识自己的价值，积极投入贫困社区的公共事务和公益活动中。其中的一些具体介入过程和思考也被收录到本书的第三章中。

此外，我从 2015 年开始对吉林省农民自己建立的志愿者服务团体进行研究，试图总结和提炼农民志愿组织所蕴藏的公共性和抗逆力因素。同时，我系的崔月琴教授和李远博士对于外来生态组织引导吉林省白城当地农民治沙和自治开展了深入研究。早在 2014 年，本系的李文祥教授带领另一支社会工作团队在贵州省、吉林省分别建立了社会工作站，作为农民与基层政府、村“两委”、乡镇企业等之间的桥梁，形成了多元协商的合作性社会工作模式。在此基础上，我们又与吉林省白山市抚松县共同建立社会工作教育参与脱贫攻坚实习实训基地，开展了多种合作性社会工作的项目。以上模式的内容都体现在此书之中，都成为我进一步思考中国反贫困社会工作促进社区抗逆力发展的重要研究和实践资源。

本书的另一个特点在于我们重视对邻国日本和韩国的反贫困社会工作促进社区抗逆力的模式进行总结和分析。因为吉林大学社会学系有一些精通日文和韩文的教师和研究生，他们长期关注东亚地区社会发展问题。加之我在 2018 年作为子课题负责人参加了田毅鹏院长主持的国家社会科学基金重大项目《东亚乡村振兴的社会政策比较研究》，深入思考了东亚乡村振兴的社会政策与社会工作之间的内在关系。社会工作硕士苏博翻译和阅读了大量日本相关政策资料和学术论文，最后和我合作撰写了本书的第五章，总结了日本过疏化对策背景下社会工作在促进乡村社区抗逆力方面发挥作用的案例和模式。关于韩国案例，我选择了 2017 年我在韩国访学时到釜山游玩过的一个城中村重建案例作为研究对象。当时这个名为甘川村的文化村景点给我留下的最深刻的印象是，整个社区没有被拆迁修建成商品房小区，而是完整保留了矮小密集平房区的原貌，外墙被涂上反映具有邻里互助、半岛和平等主题的五颜六色的墙画。当时我在甘川村发现了一座两层小楼，门牌上贴有“甘川村发展所”字样，于是好奇地进去参观。我刚开始时以为是某种民间研究机构，但是进去看了才知道实际上是一个供当地居民与政府官员、大学专家、社会工作者等外来主体共同商讨社区公共事宜的场所。一楼是关于甘川村的一些图片和历史介绍，还有小会议室。二楼是当地老年人制作手工艺品的小型车间。自从去了甘川村后，我就一直念念不忘，但可惜只是去旅游，没有系统进行学术性研究。直到 2019 年 4 月本书的写作提上日程之后，我与在釜山教书的釜庆大学中国学系的芮东根教授谈了我的想法。他将甘川村定为研究韩国社区抗逆力的典型对象，在接下来的一年半里我多次去甘川村，翻阅当地的历史和政策资料，并对当地居民进行访谈，深入当地社区居民组织，对当地的公共活动进行参与式观察。最后，芮东根教授运用社区抗逆力的框架撰写了本书第六章的大部分内容。此外，首尔大学社会学系博士生顾菲帮助我收集和翻译了关于当地社会工作机构介入甘川村的活动资料，对于第六章的写作做出了重要贡献。最后，我在两人的基础上写了一些分析当地社会工作实践的内容。

本书内容来自笔者近五年来对于城乡社区抗逆力的一些初步思考，同时本书也是一项集体成果。全书的撰写分工如下：第一至第三章：芦恒；第四章：胡真一；第五章 芦恒、苏博；第六章：芮东根、芦恒、顾菲；第七章：芦恒。

最后，感谢我院哲学系的曲红梅教授，她积极参与我们的社会调研和叙事疗法的社会工作介入过程，并从伦理学角度谈自己的想法，从理论的厚重性和深入性方面加深了我们对社会现象的理解和思考。同时这也是我院内部学科交叉合作的开端。我们自身要运用优势视角，挖掘其他学科的优势，建立人文与社科、中与西、理论与实践的联结，从各科的研究优势中汲取经验，以形成吉林大学的特色社会工作研究模式。

感谢恩师田毅鹏教授。他在我评上教授和博士生导师后，不断督促我多出优秀成果。他经常让我趁着闲暇时间多写论文，我丝毫不敢有倦怠之意，静下心来，继续耕耘学术的一亩三分地。

感谢华中科技大学社会学院向德平教授，是他鼓励我要对社区抗逆力进行系统梳理和研究，还将此成果纳入其主编的“大国攻坚·反贫困社会工作丛书”之中，让我获得了与国内社会工作界知名学者交流的机会。

感谢《华东理工大学学报(社会科学版)》《社会科学》《吉林大学社会科学学报》《中国农业大学学报(社会科学版)》《广东社会科学》《社会工作》等学术期刊给予的学术空间，刊登了我关于反贫困社会工作的论文，自己的一些想法事先在学术期刊上得以发表，为我撰写本书提供了前进的动力和重要基础。

感谢华东理工大学出版社藕园老师对本书进行的预审工作；感谢华东理工大学出版社社科事业部刘军主任的策划和编辑工作，难忘与其在网上进行交谈，交换对社会工作发展的看法。刘军主任对社会工作真挚的热爱之情，及其促进社会工作学科服务社会发展的远大抱负，以及他多年来坚持学术服务和知识传播的出版实践，深深触动了我。让我从平时很少接触的出版人的角度，看到还有很多人一直在坚持走传播社会工作知识之路，其中不乏各种艰难险阻。但正如“抗逆力”所体现出的不屈精神一样，这些出版人越挫越勇，不忘初心，勇往直前。感谢这次出版机会让我又结识了志同道合之人，共同为推动社会工作的本土化发展做出应有的贡献。

感谢我的家人，正是孩子姥姥等老一辈为儿女的无私奉献，才让我有足够的时间开展调研和进行学术思考，或许这也是中国特色家庭抗逆力的本质所在。还要感谢不怕艰难险阻一直在追逐梦想的妻子。正是她在上班和辅导孩子学习之余继续追梦的那股韧劲儿，让我坚持抗逆力的研究。也正是无数面对逆境危机时主动应对、适应和转换风险的个体，才造就了中华儿女不屈不挠的民族精神，我们才能在面对特大洪水、特大台风、新冠疫情、极端天气等重大危机时，从容不迫，再创辉煌！

本书只是一个初步的尝试，尚有较多不成熟之处，还需要与学界同仁共同探讨。正如南京大学社会学院彭华民教授所强调的那样，“抗逆力”不是万能的“创可贴”。不是凡是与风险有关的就可以扣一个“抗逆力”的帽子，而是要深入分析“抗逆力”自身的组成因素及其之间的界限，以及背后的社会结构与文化价值观因素。总之，抗逆力视角下的反贫困社会工作是一个值得投入更多精力进行深耕的领域。希望借此书出版的契机,能够和同仁们共同交流、探讨,最终为中国的反贫困社会工作和反贫困事业做出应有的贡献。

芦　恒

2022 年 10 月 9 日

于吉林大学东荣大厦